Eberhard Schmidt-Aßmann
Grundrechtspositionen und Legitimationsfragen im öffentlichen Gesundheitswesen

Schriftenreihe
der
Juristischen Gesellschaft zu Berlin

Heft 170

WDEG

2001
Walter de Gruyter · Berlin · New York

Grundrechtspositionen und Legitimationsfragen im öffentlichen Gesundheitswesen

Verfassungsrechtliche Anforderungen
an Entscheidungsgremien
in der gesetzlichen Krankenversicherung
und im Transplantationswesen

von

Eberhard Schmidt-Aßmann

Vortrag
gehalten vor der
Juristischen Gesellschaft zu Berlin
am 16. Mai 2001

W
DE
G

2001

Walter de Gruyter · Berlin · New York

Prof. Dr. Dr. h.c. *Eberhard Schmidt-Aßmann*
o. Universitätsprofessor
an der Universität Heidelberg

⊗ Gedruckt auf säurefreiem Papier,
das die US-ANSI-Norm über Haltbarkeit erfüllt.

Die Deutsche Bibliothek – CIP-Einheitsaufnahme

Schmidt-Aßmann, Eberhard:
Grundrechtspositionen und Legitimationsfragen im öffentlichen Gesundheitswesen : verfassungsrechtliche Anforderungen an Entscheidungsgremien in der
gesetzlichen Krankenversicherung und im Transplantationswesen ; Vortrag
gehalten vor der Juristischen Gesellschaft zu Berlin am 16. Mai 2001 /
von Eberhard Schmidt-Aßmann. – Berlin ; New York : de Gruyter, 2001
(Schriftenreihe der Juristischen Gesellschaft zu Berlin ; Bd. 170)
ISBN 3-11-017345-X

Satz: DTP Johanna Boy, Brennberg – Druck: Druckerei Gerike GmbH, Berlin
Buchbinderische Verarbeitung: Industriebuchbinderei Fuhrmann GmbH & Co. KG, Berlin

Inhaltsverzeichnis

Einleitung: Zwei Ansätze 9

ERSTER TEIL
Die notwendige grundrechtliche Ausrichtung
des Gesundheitswesens 11

A. Die zentrale Frage nach dem Grundrechtsstatus des Kranken:
   „Individualität" 12
   I. Der Tatbestandsaufbau des Art. 2 Abs. 2 GG 13
      1. Schlüsselbegriffe: Leben und körperliche
         Unversehrtheit 13
      2. Erstreckungen: Gesundheit und Krankheit 15
   II. Die abwehrrechtliche Bedeutung 17
   III. Die schutzrechtliche Bedeutung 19
   IV. Art. 2 Abs. 2 GG als Teilhaberecht 20
      1. Egalisierende und individualisierende Tendenzen 21
      2. Das Beispiel der Transplantationsmedizin 22
   V. Art. 2 Abs. 2 GG und die Frage eines originären
      Leistungsanspruchs 23
      1. Meinungsstand 24
      2. Inkonsistenzen der herrschenden Ansicht 28
      3. Wandel des Versorgungsverständnisses notwendig 30
   VI. Exkurs: Zur Frage eines gesundheitsrechtlichen
      „Rückschrittsverbots" 31
      1. Bezug zum Sozialstaatsgebot des Art. 20 Abs. 1 GG . . . 32
      2. Bezug zum Eigentumsschutz des Art. 14 GG 33

B. Der Rang der ärztlichen Berufsfreiheit: „Professionalität" 35
   I. Der Schutzbereich: Beruf des Arztes 35
      1. Kein staatlich „gebundener" Beruf 36
      2. Der Arztberuf als „freier" Beruf 37
      3. Berufsethos des Arztes 38
   II. Staatliche Eingriffe in den Schutzbereich 40
      1. Finale und unmittelbare Maßnahmen 40
      2. Andere berufsregelnde Maßnahmen 41
   III. Die Rechtfertigung staatlicher Zugriffe und ihre Grenzen . . 43
      1. Gesetzesvorbehalt und Schutz durch Verfahren 44

2. Zu geringer substantieller Schutz durch feste
Regelungsgrenzen 45

C. Der grundrechtliche Schutz der medizinischen Forschung:
„Kreativität" 47
   I. Die Garantie freier Forschung (Art. 5 Abs. 3 GG) 47
      1. Der Lebensbereich der Wissenschaft
         und der Normbereich der Garantie 47
      2. Die Bedeutungsschichten der Wissenschaftsfreiheit 49
   II. Gegenpositionen und Abwägung 52
      1. Komplexe Interessenlagen und Gebot schonenden
         Ausgleichs 52
      2. Gesetzlich verhängte Forschungsverbote
         und Moratorien 53

ZWEITER TEIL
Demokratie, Selbstverwaltung und Sachverständigenberatung
im öffentlichen Gesundheitswesen 56

A. Die Rolle des parlamentarischen Gesetzgebers 57
   I. Die Wesentlichkeitslehre als Richtschnur 57
   II. Gesetzliche Steuerungsaufgaben im Gesundheitswesen 59
      1. Die Fixierung materieller Ziele und Verteilungskriterien
         durch Gesetz 59
      2. Die gesetzliche Festlegung von Verfahrens-
         und Organisationsstrukturen 61

B. Verfassungsrechtliche Anforderungen an die
   Implementationsstrukturen 64
   I. Das Gebot demokratischer Legitimation 64
      1. Das Grundkonzept des Art. 20 Abs. 2 GG 64
      2. Hinreichendes Legitimationsniveau 67
   II. Die Gebote der Rechtsschutzeffektivität
      und der Verfahrensgerechtigkeit 68
      1. Wirksamer Gerichtsschutz 68
      2. Rechtsschutz in und durch Verfahren 71
   III. Die Beteiligung Betroffener: insbesondere Patienten-
      partizipation 72
      1. Partizipationszwecke 72
      2. Gebot strukturierter Beteiligung 72

C. Verfahrens- und Organisationsmodelle
für gesundheitsrechtliche Verteilungsentscheidungen 73
  I.   Die funktionale Selbstverwaltung und ihre duale
       Legitimation 73
       1. Mindestmaß an Gleichgerichtetheit der Interessen 74
       2. Grundbedingung: demokratische Legitimation
          i.S. des Art. 20 Abs. 2 GG 75
       3. Zusätzlich: autonome Legitimation 75
       4. Beachtung des „Korrespondenzgebots" 76
  II. Die Legitimation von Sachverständigengremien 77
       1. Entscheidungsgremien 77
       2. Gremien privilegierter Beratung 79
  III. Gesellschaftliche Selbstregulierung und ihre staatliche
       Ordnung 80
  IV. Zwischenergebnisse 81

D. Die Leistungsgrenzen sozialer Selbstverwaltung:
das Beispiel der Bundesausschüsse nach § 91 SGB V 82
  I.   Selbstverwaltung in der Krankenversicherung 82
       1. Krankenkassen als Träger funktionaler
          Selbstverwaltung 83
       2. Kassenärztliche Vereinigungen als Träger
          funktionaler Selbstverwaltung 85
       3. „Gemeinsame Selbstverwaltung" – ein Kooperations-
          geflecht 85
  II. Aufgaben, Organisation und Legitimation
       der Bundesausschüsse 86
       1. Aufgaben der Ausschüsse 87
       2. Das Legitimationskonzept 88
  III. Der Streit um die Rechtsverbindlichkeit von Richtlinien . . 91
       1. Typische Regelungsinhalte 91
       2. Das Problem im Spiegel der Rechtsformenfrage 92
       3. Wege der Ausgestaltung de lege ferenda 94

E. Von der Selbstregulierung zur Ausübung hoheitlicher
Kompetenzen: Verteilungsentscheidungen
im Transplantationswesen 95
  I.   Das Regelungssystem des TPG 96
       1. Die Grundregelungen der §§ 9 – 12 TPG 97
       2. Der Beauftragungsvertrag von 2000
          und die Tätigkeit von Eurotransplant 98
       3. Die Richtlinien der Bundesärztekammer nach § 16 TPG . 99

II. Probleme demokratischer Legitimation 99
  1. Aufgaben der Transplantationszentren . . . . : 101
  2. Die Bundesärztekammer und ihre Richtliniengebung . 101
  3. Legitimationsfragen von Eurotransplant 106
III. Rechtsschutz und Gerichtskontrolle 108
  1. Die Grundfrage nach der Rechtsschutztauglichkeit
     des Transplantationswesens 108
  2. Kontrollansätze und Rechtswegfragen 109
  3. Die Intensität der gerichtlichen Kontrolle 113

AUSBLICK
Beratungsgremien – „Ethikkommissionen" und „Ethikräte" 115

Einleitung

Vom öffentlichen Gesundheitswesen ist heute vielfach die Rede – meistens von seinen hohen Kosten, seinen Schwächen und von der Schere zwischen medizinisch Machbarem und praktisch Finanzierbarem. Doch es geht keineswegs nur um finanzielle Fragen, um Beitragssätze und Kostendämpfung, sondern überhaupt um die gerechte Verteilung der verfügbaren Ressourcen, z.B. auch in der Transplantationsmedizin, um die Ziele öffentlicher Gesundheitsversorgung und um die richtigen Verfahren ihrer Festlegung[1]. „Prioritäten in der medizinischen Versorgung: – müssen und können wir uns entscheiden?" betitelt die Zentrale Ethikkommission bei der Bundesärztekammer eine ihrer wichtigsten jüngeren Verlautbarungen[2]. Wenn in dieser Situation nach den verfassungsrechtlichen Vorgaben für das öffentliche Gesundheitswesen gefragt wird, dann sind dabei vorrangig zwei Themen zu behandeln: zum einen die prägenden Grundrechtspositionen (1) und zum zweiten die Verfahrens- und Organisationsstrukturen für notwendige Verteilungsentscheidungen (2).

Zu 1:   Der *grundrechtliche* Ansatz bringt die Rechtspositionen der Individuen ins Spiel. Grundrechte sind Individualrechte. Sie sagen etwas darüber, was der einzelne vom Staat an Freiraum, an Schutz oder an Leistung verbindlich verlangen kann. Ein Einwand liegt nahe: Ist es das, was wir im Gesundheitswesen heute benötigen? Haben wir hier nicht umgekehrt zu viel Anspruchsdenken? Muß statt eines individualrechtlichen nicht ein systematischer Zugang gewählt werden, wie es die Gesundheitsökonomie mit ihren Modellrechnungen längst tut? Solchen Einwänden ist entgegenzuhalten: Das Grundgesetz geht von einer klar individualrechtlichen Ausrichtung der gesamten Rechtsordnung aus. Im Zentrum eines grundgesetzlichen Gesundheitswesens hat folglich der einzelne Mensch – noch konzentrierter: die einzelne Arzt-Patienten-Beziehung – zu stehen. Viel zu schnell hat die Gesundheitspolitik in der Vergangenheit ihre Zuflucht zu Kollektiven und Verbänden und immer weiteren Einbindungen genommen. Die undurchsichtigen Verflechtungen und korporatistischen Entwicklungshemmnisse, die heute kritisiert werden,

---

[1] Vgl. *Sachverständigenrat für die Konzertierte Aktion im Gesundheitswesen*, Gutachten 2000/2001 „Bedarfsgerechtigkeit und Wirtschaftlichkeit", Tz. 1 ff.
[2] Abgedruckt in: Deutsches Ärzteblatt (DÄBl.), 97. Jhg., 2000, Heft 15.

haben hier ihre Ursache. Statt dessen muß ein freiheitlicher Zugang gewählt werden, der nur beim Individuum und bei seinen Grundrechten ansetzen kann[3].

Zu 2: Das heißt freilich nicht, daß die Individualrechte unvermittelt nebeneinander gestellt werden können. Prioritätensetzungen sind unausweichlich. Im 2. Teil soll deshalb nach dafür geeigneten *Verfahrens- und Organisationsformen* gefragt werden. Das ist – dem individualrechtlichen Ansatz komplementär – der strukturbildende Ansatz. Grundrechtsschutz wird bekanntermaßen zu einem wesentlichen Teil „in und durch Verfahren" geleistet. Aber es ist mehr als das. Es geht auch um die demokratische Legitimation gesundheitspolitischer Entscheidungen, um die Aufgaben des Gesetzgebers, um die Organe der sozialen und der berufsständischen Selbstverwaltung und um die Rolle des medizinischen Sachverstandes.

---

[3] Ähnlich *R. Pitschas*, Gesundheitswesen zwischen Staat und Markt, in: Häfner (Hrsg.), Gesundheit – unser höchstes Gut?, 1999, 165 (180 f.). Zur grundrechtlichen Steuerung von Technikoptionen *W. van den Daele*, Freiheiten gegenüber Technikoptionen. Zur Abwehr und Begründung neuer Techniken durch subjektive Rechte, KritV 74 (1991), 257 ff.

Erster Teil
Die notwendige grundrechtliche Ausrichtung des Gesundheitswesens

Grundrechte haben sich in den letzten 50 Jahren als die wichtigsten strukturbildenden Kräfte für nahezu alle Gebiete der Rechtsordnung erwiesen. Viel spricht dafür, daß sie das auch für das Gesundheitsrecht leisten können, indem sie die unübersichtlichen Interessengeflechte aufschlüsseln, auf Rechtspositionen zurückführen und über Rang und Rücksichtnahmepflichten etwas aussagen[4].

Unter den Verfassungspositionen des Gesundheitsrechts besitzen die Grundrechte des Kranken die herausragende Stellung (A). Um den Kranken, die Linderung seiner Leiden und eine mögliche Wiederherstellung seiner Gesundheit geht es. Dies ist das Telos des gesamten Rechtsgebiets. – Das Gesundheitswesen ist entscheidend aber auch durch die Rechte weiterer Beteiligter geprägt: Ärzte, Psychotherapeuten, Schwestern, Pfleger, Hebammen, Heilpraktiker, Apotheker. Sie alle als „Leistungserbringer" zu definieren, wie es das Krankenversicherungsrecht tut, wird ihrer Rechtsstellung nur teilweise gerecht. Hier werden Berufe ausgeübt und unternehmerische Aktivitäten entfaltet, die ihre eigene grundrechtliche Basis in Art. 12 und Art. 14 GG haben und beanspruchen können, mit ihren Interessen ernst genommen zu werden (B). – Über Grundrechte im Gesundheitswesen zu sprechen verlangt schließlich, auch die medizinische Forschung einzubeziehen. Forschung ist die Grundlage des Fortschritts. Auf sie richten sich die Hoffnungen vieler Kranker. Ihre Verfassungsgarantie in Art. 5 Abs. 3 GG kann nicht außer Ansatz bleiben (C).

Die *Individualität* des Kranken, die *Professionalität* der Heilberufe und die *Kreativität* der medizinischen Forschung, sie als *Trias* prägen das Gesundheitswesen vorrangig und bestimmen mit ihren Grundrechtspositionen das Gesundheitsrecht. Sie gehören zusammen. Man kann über sie nicht jeweils isoliert entscheiden. Viele Diskussionen kranken heute daran, daß sie nur einen Ausschnitt herausgreifen. Da wird in *einem* Fo-

---

[4] Zum folgenden vgl. *D. Merten*, in: Schulin (Hrsg.), Handbuch des Sozialversicherungsrechts, Bd. 1, Krankenversicherungsrecht, 1994, § 5 Rn. 47 ff.; und jüngst *A. Wahl*, Kooperationsstrukturen im Vertragsarztrecht, 2001, 107 ff.

rum über Patientenrechte und hohe Leistungsstandards debattiert, während in einer *anderen* Arena die Kostendämpfung verhandelt und in einem *dritten* Zirkel strenge Grenzen für die Arzneimittelforschung eingefordert werden. Bei einer solchen fragmentierten Betrachtungsweise lassen sich dann trefflich jeweils Maximalforderungen erheben, ohne zu erkennen, daß die Dinge zusammenhängen und untereinander zum Ausgleich gebracht werden müssen.

A. Die zentrale Frage nach dem Grundrechtsstatus des Kranken: „Individualität"

Die wichtigste Norm des Gesundheitsverfassungsrechts ist Art. 2 Abs. 2 GG. Der hier gewährleistete Schutz von Leben und körperlicher Unversehrtheit ist die Basis der grundrechtlichen Rechtsstellung des Kranken. Natürlich spielen auch andere Bestimmungen des Grundgesetzes für ihn eine Rolle: so der Gleichheitssatz des Art. 3 GG, das Sozialstaatsprinzip des Art. 20 Abs. 1 GG und das allgemeine Persönlichkeitsrecht[5]. Doch dogmatisch empfiehlt es sich, die von diesen Vorschriften ausgehenden Determinanten in die Tatbestandsmerkmale des Art. 2 Abs. 2 GG zu integrieren und so auf die spezifische Situation von Kranksein zu konzentrieren (I). Die einzelnen Gewährleistungsebenen dieses Grundrechts, seine abwehrrechtlichen (II), schutzrechtlichen (III), teilhaberechtlichen (IV) und seine umstrittenen leistungsrechtlichen Gehalte (V), führen auf die verfassungsrechtlichen Hauptprobleme des öffentlichen Gesundheitswesens zu.

Richtpunkt aller Grundrechtswirkungen bleibt der Achtungs- und Schutzanspruch der menschlichen Würde (Art. 1 Abs. 1 GG). Sie ist unantastbar; hier gibt es nichts abzuwägen[6]. Das ist gerade für das Gesundheitsrecht besonders herauszustellen: Der Respekt vor der Würde

---

[5] Vgl. nur jeweils mit weiteren Nachweisen *A. Künschner*, Wirtschaftlicher Behandlungsverzicht und Patientenauswahl, 1992, 255 ff.; *Wahl*, Kooperationsstrukturen (Fn. 4), 111 ff. Speziell zu einem Grundrecht auf Kenntnis der eigenen genetischen Konstitution vgl. *C. Bartram u.a.*, Humangenetische Diagnostik, 2000, 72 ff.

[6] Vgl. *B. Pieroth/B. Schlink*, Grundrechte, 16. Aufl. 2000, Rn. 365; *Ph. Kunig*, in: v. Münch/Kunig (Hrsg.), Grundgesetz, Bd. 1, 5. Aufl. 2000, Art. 1 Rn. 4.

gilt umfassend für alle diagnostischen und therapeutischen Verfahren und für alle Phasen der Krankheit[7]. Er zeigt sich auch darin, daß *Selbstbestimmung* und *Selbstverantwortung* des Patienten zu ihrem Recht kommen können. Eine bevormundende („paternalistische") Versorgung ist, selbst wenn sie besten Willens verordnet wird, auch im Lichte des Art. 2 Abs. 2 GG alles andere als notwendig oder auch nur erwünscht. Für seine Gesundheit ist jeder zu allererst selbst verantwortlich. Staatliche Verantwortung tritt subsidiär hinzu.

I. Der Tatbestandsaufbau des Art. 2 Abs. 2 GG

1. Schlüsselbegriffe: Leben und körperliche Unversehrtheit

Art. 2 Abs. 2 GG schützt das Leben und die körperliche Unversehrtheit. *Leben* meint die biologisch-physiologische Existenz des Menschen[8]. Die Definition ist folglich zunächst einmal durch naturwissenschaftliche Fakten bestimmt. Doch darf man sich hier nicht in einer falschen Sicherheit wiegen: Die Naturwissenschaften beobachten Verläufe und beschreiben Zusammenhänge; sie liefern aber keine fertigen Rechtsbegriffe. Es bedarf zusätzlicher normativer Kriterien, um naturhaft ablaufende Prozesse rechtlichen Kategorien zuzuordnen und Grenzziehungen vorzunehmen, die die Rechtsordnung verlangt[9]. Damit aber wird Art. 2 Abs. 2 GG nicht erst bei der Frage des Grundrechtseingriffs, sondern schon bei der Frage der Schutzbereichsbestimmung bis zu einem gewissen Grade den Kräften der Rechtsgestaltung – in der parlamentarischen Demokratie dem Gesetzgeber und den Gerichten – zugänglich. Das gilt für Definitionsprobleme am Beginn des Lebens ebenso wie an dessen Ende. Eine behutsame grundrechtliche Interpretationslehre muß hier auf jeden Fall mit „Sicherheitsmargen" arbeiten und im übrigen strikt darauf sehen, daß jeder normative Zugriff auf die Definition der Schlüsselbegriffe im öffentlichen Diskurs erfolgt.

Unter diesen Bedingungen kann die Bestimmung des Lebensendes nach dem Hirntodkriterium, wie sie nach intensiver wissenschaftlicher

---

[7] Vgl. *F. Hufen*, In dubio pro dignitate, NJW 2001, 849 ff.

[8] *H. Schulze-Fielitz*, in: Dreier (Hrsg.), Grundgesetz, Bd. 1, 1996, Art. 2 II Rn. 15 mit weiteren Nachweisen.

[9] Ausführlich jetzt *K.-A. Schwarz*, Therapeutisches Klonen – ein Angriff auf Lebensrecht und Menschenwürde des Embryos?, KritV 2001, 182 ff.; *M. Anderheiden*, „Leben" im Grundgesetz (erscheint in: KritV 2001 Heft 4).

Auseinandersetzung im Transplantationsgesetz von 1997 getroffen worden ist[10], als verfassungsrechtlich akzeptable *gesetzgeberische* Konkretisierung genommen werden. Über die richtige Bestimmung des Lebensbeginns geht zur Zeit der öffentliche Disput. Die juristische Literatur nimmt überwiegend den Zeitpunkt der Kernverschmelzung an[11]. Doch gibt es auch gut begründete Gegenauffassungen, die vor allem auf die deutlich differenzierenden Traditionen des abendländischen Denkens verweisen[12]. Das Bundesverfassungsgericht hat die Frage bisher nicht beantwortet. Im Urteil vom 25. 2. 1975 spricht es vom „Leben im Sinne der geschichtlichen Existenz eines menschlichen Individuums", das „jedenfalls vom 14. Tage nach der Empfängnis (Nidation, Individuation)" an bestehe[13]. Mehr brauchte das Gericht im Blick auf die allein entscheidungsrelevante Problematik des Schwangerschaftsabbruchs nicht zu sagen. Und auch im Urteil vom 28. 5. 1993 heißt es: „Es bedarf im vorliegenden Verfahren keiner Entscheidung, ob, wie es Erkenntnisse der medizinischen Anthropologie nahelegen, menschliches Leben bereits mit der Verschmelzung von Ei- und Samenzelle entsteht"[14]. Die Kernverschmelzung erscheint als ein plausibler Zeitpunkt im Verlaufskontinuum der natürlichen Befruchtung und Entwicklung. Für die in-vitro-Fertilisation ist sie dagegen kein absolutes Datum, insofern mit der notwendigen Einpflanzung eine weitere entwicklungsbestimmende Handlung hinzutreten muß[15].

Auch der zweite Schlüsselbegriff, die *körperliche Unversehrtheit,* ist im biologisch-physiologischen Sinne zu verstehen, umgreift jedoch auch solche psychischen Vorgänge, „die das Befinden einer Person in einer Weise verändern, die der Zufügung von Schmerzen entspricht"[16]. Auch hier sind

---

[10] Dazu *O. Seewald,* Ein Organtransplantationsgesetz im pluralistischen Verfassungsstaat, VerwArch 1997, 199 ff.; *M. Anderheiden,* Transplantationsmedizin und Verfassung, Der Staat 39 (2000), 509 ff.

[11] Vgl. mit weiteren Nachweisen *Schulze-Fielitz* (Fn. 8), Art. 2 II Rn. 17; *Schwarz* (Fn. 9), 194 ff.

[12] *H. Hofmann,* Biotechnik, Gentherapie, Genmanipulation – Wissenschaft im rechtsfreien Raum?, JZ 1985, 253 (258), abgedruckt auch in: *ders.,* Verfassungsrechtliche Perspektiven, 1995, 386 (399 f.). Von einem streng verfassungssystematischen Ansatz differenzierend auch *Anderheiden* (Fn. 9) unter VII.

[13] BVerfGE 39, 1 (37).

[14] BVerfGE 88, 203 (251).

[15] *Anderheiden* (Fn. 9) a.a.O. Zum systematisch anderen Ansatz einer nach Entwicklungsphasen gestuften Schutzintensität innerhalb des Art. 2 Abs. 2 GG vgl. *Schulze-Fielitz* (Fn. 8), Art. 2 II Rn. 41; *H. D. Jarass*/B. Pieroth, Grundgesetz, 5. Aufl. 2000, Art. 2 Rn. 55; *Schwarz* (Fn. 9), 196 f. *Gegen* Abstufungen der Schutzpflicht nach dem Entwicklungsprozeß der Schwangerschaft BVerfGE 88, 203 (254), *dafür* abw. Meinung der Richter Mahrenholz und Sommer, dort 342.

[16] BVerfGE 56, 54 (73 ff., 75).

Wertungselemente unvermeidbar. So soll die psychische Integrität durch Art. 2 Abs. 2 GG nur insoweit geschützt sein, „als durch Einwirkungen auf die Psyche körperliche Effekte hervorgerufen werden (können)"[17]. Dagegen steht das allgemeine seelische und soziale Wohlbefinden nach herrschender Ansicht nicht unter dem Schutz dieser Bestimmung[18].

2. Erstreckungen: Gesundheit und Krankheit

Die Begriffe *Gesundheit* und *Krankheit* kommen im Tatbestand des Art. 2 Abs. 2 GG nicht vor. Dennoch besteht weitgehend Einigkeit darüber, daß auch der Schutz der Gesundheit zum Gewährleistungsgehalt gehört[19]. Geschützt werden soll nicht nur ein äußeres Integritätsinteresse, sondern auch die „Normalität der körperlichen Gestalt und Funktion"[20].

a) Begriffseigenheiten

Mit diesem Ergebnis haben sich die Anwendungsprobleme des Art. 2 Abs. 2 GG allerdings erneut beträchtlich erhöht[21]. „Gesundheit" und „Krankheit" bezeichnen Erscheinungen, die sich einer exakten Erfassung entgegenstemmen. Das liegt an drei Besonderheiten: ihrer hohen Subjektivität, ihrer Prozeßhaftigkeit und der ihnen eigenen Abhängigkeit von Konventionen.

– Gesund oder krank sind – erstens – höchst *individuelle* Merkmale einer Person, in denen sich Elemente der objektiven Konstitution mit subjektiven Befindlichkeiten verbinden. Gerade deshalb müssen „Normallagen" definiert, muß ein Bezugsraster gebildet werden, innerhalb dessen Regelabweichungen überhaupt nur feststellbar sind.

– Gesundheit und Krankheit sind – zweitens – nicht nur Zustände, sondern auch *Entwicklungen*, die teilhaben an den Prozessen des Lebens. Die hieraus entstehenden Schwierigkeiten der Grenzziehung werden

---

[17] *D. Murswiek*, in: Sachs (Hrsg.), Grundgesetz, 2. Aufl. 1999, Art. 2 Rn. 149.

[18] *Ch. Starck*, in: v. Mangoldt/Klein/Starck (Hrsg.), Grundgesetz, Bd. 1, 1999, Art. 2 Abs. 2 Rn. 177.

[19] Ausführlich jüngst *Wahl*, Kooperationsstrukturen (Fn. 4), 116 ff. mit weiteren Nachweisen.

[20] So *R. Francke*, Ärztliche Berufsfreiheit und Patientenrechte, 1994, 77; *Wahl*, Kooperationsstrukturen (Fn. 4), 116 ff.

[21] *E. Schmidt-Aßmann*, Anwendungsprobleme des Art. 2 Abs. 2 GG im Immissionsschutzrecht, AöR 106 (1981), 205 ff.

durch die provokante Frage: „Altern als Krankheit?" auf den Punkt gebracht. Die Methoden der genetischen Diagnose verstärken diese Schwierigkeiten. Sind alle Prädispositionen, die sie nachweisen kann, schon als
Krankheit einzustufen[22]?

– Gesundheit und Krankheit sind – drittens – alles andere als allein
rein naturwissenschaftlich zu verstehende Phänomene. Sie sind auch *soziale Konstrukte,* die historischen und kulturellen, aber auch religiösen und
ökonomischen Einflüssen und regionalen Bewertungsunterschieden unterliegen.

b) Trias der Definitionskompetenzen

Diese spezifische Konstitution der Begriffe „Gesundheit" und „Krankheit"
verlangt eine besondere Struktur der Definitionskompetenzen. In der
Grundrechtsliteratur wird vorgeschlagen, diese Kompetenzen vor allem
dem Grundrechtsträger selbst zuzuerkennen[23]. Das Bundesverfassungsgericht hat, z.B. für das Grundrecht der Wissenschaftsfreiheit, allerdings eine
Objektivierung angemahnt[24]. Für die Begriffe Gesundheit und Krankheit
gilt das in noch höherem Maße und führt zu einer *Trias der Definitionskompetenzen:*

– Die primäre Kompetenz liegt auch hier beim *Grundrechtsträger*
selbst. Sie entspricht der stark subjektiven Konstitution des Krank-
heitsbegriffs und nimmt den Gedanken der Selbstbestimmung auf. Es
muß sich grundsätzlich niemand aufdrängen lassen, krank zu sein. Umgekehrt kann die Angabe, sich krank zu fühlen, ein wichtiges Indiz bei
der Aufklärung sein; sie entscheidet aber nicht letztverbindlich über den
Tatbestand von Krankheit – weder in seiner abstrakt-definitorischen noch
in seiner konkret-diagnostischen Ausprägung.

– Die wichtigste Aufgabe kommt der *medizinischen Profession* zu. Sie
hat die erforderlichen Grundlagenkenntnisse zu vermitteln, um bestimmte Zustände als Krankheitsbilder einzustufen oder bestimmte Vorgänge als
Krankheitsverläufe zu bewerten. Nur sie kann Angaben dazu machen, was
als normaler und was als regelwidriger Zustand zu gelten hat. Daß damit
auch Wertungen verbunden sind, ist bereits gesagt worden. Gesellschaft,
Politik und Recht haben folglich ein besonderes Interesse daran, daß die
intradisziplinären medizinischen Erkenntnisvorgänge transparent und
nachvollziehbar ablaufen.

---

[22] Dazu *Bartram,* Humangenetische Diagnostik (Fn. 5), bes. 51 ff.
[23] Vgl. *M. Morlok,* Selbstverständnis als Rechtskriterium, 1993.
[24] BVerfGE 90, 1 (12).

– Als Elemente der staatlichen Rechtsordnung unterliegen die Begriffe der „Krankheit" und der „Gesundheit" darüber hinaus einer Definitionskompetenz *staatlicher Instanzen*. Das folgt schon aus ihrer Eigenschaft als soziale Konstrukte, die in natürlicher Weise auf das Recht bezogen und durch dieses gestaltbar sind. Diese Kompetenz muß auf der Basis medizinischer Erkenntnisse ausgeübt werden, umgreift aber die Befugnis zu eigenständigen Bewertungen, wie die genannten Begriffe innerhalb einer bestimmten Rechtsnorm zu verstehen sind.

Insgesamt wird schon an dieser Stelle deutlich, wie sehr der materielle Gewährleistungsgehalt des Art. 2 Abs. 2 GG auf einen ergänzenden *Grundrechtsschutz durch Organisation und Verfahren* angewiesen ist. Dieses prozedural zu entfaltende Zusammenspiel zwischen den Definitionskompetenzen der Betroffenen, der Profession und der Politik ist ein Kernthema des gesamten Gesundheitsrechts.

II. Die abwehrrechtliche Bedeutung

Von seiner Entstehungsgeschichte her gilt Art. 2 Abs. 2 GG als klassisches Abwehrrecht, das elementare „Werte der Körperlichkeit" gegen staatliche Eingriffe schützen soll[25]. Diese Eingriffsperspektive liegt auch dem Gesetzesvorbehalt des Art. 2 Abs. 2 S. 3 GG zugrunde. Traditionelle Probleme dieser Gewährleistungsebene sind speziell im Gesundheitsrecht z.B. die Zulässigkeit obligatorischer Untersuchungs- und Impfmaßnahmen nach dem Seuchen- bzw. Infektionsschutzrecht[26].

Daß aber auch neue gesundheitsrechtliche Fragestellungen schon durch den abwehrrechtlichen Gehalt des Art. 2 Abs. 2 GG beeinflußt werden, zeigt das Bundesverfassungsgericht in einer Kammerentscheidung vom 11. 8. 1999[27]: Zu urteilen war über die Verfassungsmäßigkeit jener Regelung des Transplantationsgesetzes, die die Organspende unter Lebenden auf Familienangehörige und Personen besonderer persönlicher Verbundenheit begrenzt (§ 8 Abs. 1 S. 2 TPG). Der Beschwerdeführer war wegen Niereninsuffizienz bisher auf eine Dialysebehandlung angewiesen gewesen, die ihn erheblich belastete. Ein Organspender stand bereit, fiel aber nicht in den eng begrenzten Personenkreis der genannten Vorschrift. Es ging also um die Vorenthaltung möglicher medizinischer Maßnahmen,

---

[25] *G. Dürig*, in: Maunz/Dürig (Hrsg.), Grundgesetz, Art. 2 II Rn. 1.
[26] §§ 10 Abs. 6, 26 Abs. 2 InfektionsschutzG; vgl. BVerwGE 9, 78 (79).
[27] NJW 1999, 3399 ff.

die zu einer erheblichen Schmerzlinderung und möglicherweise sogar zu einer längerfristigen Gesundung verholfen hätten.

(1) Interessant sind zum ersten die Ausführungen zur grundrechtsbeeinträchtigenden Wirkung des § 8 TPG. Das Gericht verlagert den Schutz *nach vorn*. Art. 2 Abs. 2 GG ist danach schon dann berührt, „wenn staatliche Regelungen dazu führen, daß einem kranken Menschen eine nach dem Stand der medizinischen Forschung prinzipiell zugängliche Therapie, mit der eine Verlängerung des Lebens, mindestens aber eine nicht unwesentliche Minderung des Leidens verbunden ist, versagt bleibt". Eine solche Beeinträchtigung stelle, so wird weiter ausgeführt, einen Eingriff in das Grundrecht dar, denn Art. 2 Abs. 2 GG sichere den Einzelnen nicht nur gegen zielgerichtete, sondern auch gegen solche staatlichen Maßnahmen, die lediglich mittelbar zu einer Verletzung führten. Diese Verletzung müsse allerdings das Maß einer als sozialadäquat eingestuften Beeinträchtigung übersteigen und bei einer normativen Betrachtung unter Berücksichtigung der Bedeutung des Schutzgutes als adäquate Folge der staatlichen Tätigkeit dieser normativ zurechenbar sein, sie dürfe also weder aus einer selbständig zu verantwortenden Tätigkeit Dritter resultieren noch auf einer schicksalhaften Fügung beruhen. An diesen Maßstäben gemessen hat das Gericht keine Bedenken, in § 8 TPG einen Grundrechtseingriff zu sehen. Diese erweiterte Struktur der abwehrrechtlichen Schutzrichtung ist im Auge zu behalten, wenn es um vergleichbare Verkürzungen medizinisch möglicher Therapiemaßnahmen geht, z.B. durch die gesetzliche Erschwerung der klinischen Erprobung von Arzneimitteln oder (weiter ausgreifend) durch die Festlegung von Grenzen der medizinischen Forschung. Die Fragen der Forschungsfreiheit des Art. 5 Abs. 3 GG finden schon im abwehrrechtlichen Gehalt des Art. 2 Abs. 2 GG u.U. eine Unterstützung[28].

(2) Beachtenswert ist ferner die Eingriffsrechtfertigung. Das Gericht akzeptiert die gesetzgeberische Entscheidung, die auf die Mißstände des Organhandels und auf die Gesundheitsgefahren für den Organspender abstellt. Das ist, soweit es um den „Schutz des Spenders vor sich selbst" geht, im Schrifttum als Paternalismus scharf kritisiert worden[29]. In der Tat

---

[28] Dazu unter C II. Vgl. auch *van den Daele*, Technikoptionen (Fn. 3), 262 ff.

[29] *Th. Gutmann*, Gesetzgeberischer Paternalismus ohne Grenzen?, NJW 1999, 3387 (3388); *Th. Gutmann/U. Schroth*, Recht, Ethik und die Lebendspende von Organen – der gegenwärtige Problemstand, Transplantationsmedizin 2000, 174 (175 f.); *B. Seidenath*, Anmerkung, MedR 2000, 33 ff.; *M. Sachs*, Anmerkung, JuS 2000, 393 ff.

ist das Selbstschutz-Argument, aus dem Kontext genommen und mit der schweren Belastungssituation von Dialysepatienten konfrontiert, wenig überzeugend. Stichhaltig bleibt das Organhandel-Argument, das sich auch durch die Einschaltung einer Gutachterkommission, wie sie § 8 Abs. 3 TPG ohnehin vorsieht, nicht ganz ausschalten läßt. Neben dem Lebensrecht des auf eine Organspende Angewiesenen ist in einem so sensiblen Gebiet wie dem Transplantationswesen „ein Höchstmaß an Seriosität" unverzichtbar.

III. Die schutzrechtliche Bedeutung

Daß Art. 2 Abs. 2 GG nicht nur abwehrrechtlich zu deuten ist, sondern den Staat auch verpflichtet, sich schützend und fördernd vor Leben und körperliche Unversehrtheit zu stellen, hat das Bundesverfassungsgericht bereits im 1. Abtreibungsurteil ausgeführt und seither mehrfach bestätigt[30]. Schutz meint hier vor allem Schutz vor rechtswidrigen Beeinträchtigungen von Seiten *Dritter*.

Das Thema ist in jüngerer Zeit vorrangig im Blick auf umweltrechtliche Fragen behandelt worden[31]. So sind Vorschriften des Immissionsschutzes oder des kerntechnischen Sicherheitsrechts als Mittel der schutzrechtlichen Wirkung des Art. 2 Abs. 2 GG klassifiziert und daraufhin untersucht worden, ob sie den verfassungsrechtlichen Anforderungen genügen. Dabei ist das Schutzrecht nicht auf den Bereich der verwaltungsrechtlichen Instrumente, z.B. auf Verbotsverfügungen und Genehmigungsvorbehalte, beschränkt. Auch Strafrechtsnormen und Vorschriften des Zivilrechts können Ausdruck dieser Bedeutungsebene des Art. 2 Abs. 2 GG sein. Die verfassungsrechtliche Bewertung verlangt regelmäßig eine Gratwanderung zwischen Übermaßverbot und Untermaßverbot[32]. Bei der schwierigen Kollisionslösung und bei der Zusammenstellung unterschiedlicher Schutzinstrumente zu einem schutzrechtlichen „Arrangement" billigt die Rechtsprechung dem parlamentarischen Gesetzgeber einen erheblichen Gestaltungsspielraum zu.

---

[30] BVerfGE 39, 1 (41 f.); 46, 160 (164); 88, 203 (251); std. Rspr. vgl. *G. Hermes*, Das Grundrecht auf Schutz von Leben und Gesundheit, 1987, 43 ff.
[31] Vgl. *M. Böhm*, Der Normmensch, 1996, 100 ff.
[32] Zum „Bauplan" des Schutzrechts *J. Isensee*, in: Isensee/Kirchhof (Hrsg.), Handbuch des Staatsrechts, Bd. 5, 1992, § 111 Rn. 86 ff.

Auch im engeren Bereich des Gesundheitsrechts sind schutzrechtliche Konstellationen denkbar. Das gilt etwa für den Embryonenschutz[33] oder für die klinische Erprobung neuer Arzneimittel, die für den medizinischen Fortschritt wohl notwendig ist, gleichwohl aber gesetzlich festgelegter Grenzen aus Rücksichten des Patientenschutzes bedarf. In diesem Sinne kann z.B. § 40 AMG als Ausdruck einer staatlichen Schutzpflicht genommen werden. Ähnliches gilt für das Arzthaftungsrecht. Die Schaffung entsprechender Vorschriften geschieht auch im Blick auf Art. 2 Abs. 2 GG und muß sich darum bemühen, einen wirksamen Gesundheitsschutz direkt oder indirekt sicherzustellen. Freilich sind dabei auch verfassungsrechtliche Gegenpositionen in die gesetzgeberischen Überlegungen einzustellen, so die Freiheit der Forschung und die ärztliche Berufsfreiheit, u.U. auch Art. 2 Abs. 2 GG selbst (vgl. unter C II). Keineswegs lassen sich jedoch alle Vorschriften, die es mit dem Arzt-Patienten-Verhältnis zu tun haben, schutzrechtlich deuten und einer fortgesetzten Überprüfung am Maßstab des Art. 2 Abs. 2 GG zuführen. Auch hier können Verfahrens- und Organisationsregelungen, z.B. über Dokumentationspflichten oder die notwendige Einbeziehung von Ethik-Kommissionen, bedeutsam sein. Unter Umständen sind es gerade solche Regelungen, an die der Gesetzgeber seine Aufgabe der Kollisionslösung teilweise delegiert hat.

IV. Art. 2 Abs. 2 GG als Teilhaberecht

Als Teilhaberechte werden hier die sog. derivativen Leistungsansprüche behandelt, bei denen es um eine sachgerechte Verteilung knapper medizinischer Ressourcen zwischen mehreren Berechtigten geht. Das sind u.U. harte Fragen der Rationierung und Prioritätensetzung, denen im Gesundheitswesen mit der weichen Formel „Rationalisierung vor Rationierung" nicht mehr ausgewichen werden kann. Die Problematik wird nicht selten unter Rückgriff auf mehrere Allokationsstufen behandelt[34]. Im vorliegen-

---

[33] W. Graf Vitzthum, Gentechnik und Grundgesetz – eine Zwischenbilanz, in: Festschrift für Dürig, 1990, 185 (190 ff.).
[34] Vgl. die Darstellung bei J. Taupitz, Ressourcenknappheit in der Medizin – Hilfestellung durch das Grundgesetz?, in: Wolter/Riedel/Taupitz (Hrsg.), Einwirkungen der Grundrechte auf das Zivilrecht, Öffentliche Recht und Strafrecht, 1999, 113 (122 f.); W. Höfling, Rationierung von Gesundheitsleistungen im grundrechtsgeprägten Sozialstaat, in: Feuerstein/Kuhlmann (Hrsg.), Rationierung im Gesundheitswesen, 1998, 143 (145 ff.).

den Zusammenhang sollen nur Fragen der sog. Mikroallokation interessieren, d.h. der Auswahlentscheidungen zwischen bestimmten Patientengruppen und noch konkreter „Entscheidungen am Krankenbett".

1. Egalisierende und individualisierende Tendenzen

Konkrete gesundheitliche Verteilungsentscheidungen sind durch eine spürbar egalisierende Tendenz gekennzeichnet. Diese Tendenz geht von Art. 2 Abs. 2 GG als einem „Jedermanns"-Grundrecht aus. Art. 3 GG nimmt sie auf und paßt sie in seine Auswahlkriterien ein. Daraus folgt ein *gesundheitsrechtlich geschärftes Willkürverbot,* das auf jeden Fall Gesichtspunkte wie den gesellschaftlichen Rang oder die soziale Wertigkeit als Verteilungskriterien ausschließt[35].

Das bedeutet andererseits freilich nicht, daß eine durchgängig gleichmäßige Versorgung ohne alle Differenzierungen zur Verfügung gestellt werden müßte. Das klassenlose Krankenhaus ist so wenig geboten wie Zusatzversicherungen verboten werden können. Versorgung im Krankheitsfalle ist zum einen ein Thema des konkreten Behandlungsfalles; sie ist aber auch ein Thema entsprechender Vorsorge. Wenn die Begriffe Gesundheit und Krankheit in ihrer subjektiven Komponente auf Selbstbestimmung und Selbstverantwortung zielen, dann gewinnt die Ausgestaltung der Vorsorge ein besonderes Gewicht. Die Bereitschaft, gewisse Risiken selbst zu tragen und andere Risiken unter entsprechender finanzieller Beteiligung an eine Versichertengemeinschaft weiterzugeben, ist konkrete Betätigung von Selbstverantwortung. Es kann nicht das Ziel egalitärer Verteilungsmaßstäbe im konkreten Behandlungsfall sein, die entsprechenden Dispositionen zu nivellieren. Das folgt nicht nur aus der Notwendigkeit, dem free-rider-Problem entgegenzutreten. Es geht auch um die Respektierung von Eigenverantwortlichkeit und Individualität, die durch paternalistische Verteilungsmechanismen nicht überspielt werden dürfen. Sichergestellt sein muß nur, daß jeder die Chance zu hinreichender finanzieller Vorsorge hat.

---

[35] Vgl. *Taupitz,* Ressourcenknappheit (Fn. 34), 125 f.: „statusblind".

2. Das Beispiel der Transplantationsmedizin

Noch dringender werden die teilhaberechtlichen Probleme in der Transplantationsmedizin. Sie haben hier in einem elementaren Sinne „existenzentscheidende Bedeutung". Trotzdem ist die Feststellung richtig, daß auch hier das Recht selbst keine komplette Lösung vorgeben kann, sondern vor allem auf die Verfahrensrichtigkeit der entsprechenden Verteilungsentscheidungen und substantiell auf eine qualifizierte Willkürprüfung sehen muß[36]. Die höchste Akzeptanz genießen dabei Verteilungskriterien, die in einem medizinisch-technischen Sinne „Sachnotwendigkeiten" darstellen. Die Gewebeverträglichkeit z.B. erscheint als ein solches Kriterium. Nähere Analysen zeigen allerdings, daß das Medizinisch-Technische durchdrungen und umlagert ist von Entscheidungselementen, die letztlich auf impliziten Wertannahmen beruhen. Sie rücken damit in den Bereich dessen, was rechtlich zwar nicht exakt gesteuert, wohl aber strukturiert werden muß. Eine den beteiligten Interessen gerechte Organisation der Verteilungsentscheidungen ist damit das eigentliche Verfassungsproblem der grundrechtlichen Teilhaberechte. Sie bildet den Ausgleich für den materiell auf eine Kontrolle der Willkürfreiheit zurückgenommenen Steuerungsanspruch des Rechts[37].

Auch in dieser zurückgenommenen Form macht es das Recht, das sich ganz am Gewohnten (am „Rechtssicheren") ausrichtet, neuen Konzepten nicht selten schwer, sich innerhalb der akzeptierten Verteilungskriterien einen Raum zu erobern. Das gilt auch für solche Gesichtspunkte, die ein höheres Maß an individueller Mitgestaltung in das Verteilungssystem einbringen wollen. Trotzdem sollte der Vorschlag geprüft werden, bei der Organvermittlung den Gedanken *individuell ausgedrückter Solidarität* stärker heranzuziehen und Patienten, die sich ihrerseits (zu einem früheren Zeitpunkt) zu Organspenden bereit erklärt haben, besonders zu berücksichtigen[38]. Damit ist nicht für eine radikale Reziprozität optiert. Doch spielen schon heute die regionale und die nationale Spendenbereitschaft bei Verteilungsentscheidungen durchaus eine Rolle. Ihre Erstreckung auf die individuelle Solidarität erscheint insofern als eine vorsichtige Kriterienerweiterung, die zudem zur Erhöhung der Spendenbereitschaft

---

[36] *Taupitz*, Ressourcenknappheit (Fn. 34), 129.
[37] Dazu im 2. Teil unter E II, ferner *J. S. Ach/M. Anderheiden/M. Quante*, Ethik der Organtransplantation, 2000, 185 ff.
[38] *G. Gubernatis/H. Kliemt*, Solidarität und Rationierung in der Organtransplantation, Transplantationsmedizin 1999, 4 ff.

beitragen kann. Gegen sie ist verfassungsrechtlich jedenfalls nichts einzuwenden.

V. Art. 2 Abs. 2 GG
und die Frage eines originären Leistungsanspruchs

Die Frage eines Individualanspruchs auf staatliche Gesundheitsfürsorge hat zwar mehrfach wissenschaftliche Behandlung erfahren[39]. Sie stand bisher aber trotzdem nicht im Zentrum der gesundheitsrechtlichen Diskussion. Das verwundert nicht; denn bei einem Einbeziehungsgrad von mehr als 90% der Bevölkerung in die gesetzliche Krankenversicherung und angesichts des auch im internationalen Vergleich anerkannt hohen Leistungsniveaus dieser Versicherung erschien die Frage nach dem, was von Verfassungs wegen verlangt werden kann, bisher von eher theoretischem Interesse. Die Situation hat sich jedoch geändert: Heute werden deutliche Abstriche vom bisherigen Leistungsniveau, werden eine Aufspaltung des gesetzlichen Versicherungsschutzes in eine obligatorische Grund- und eine fakultative Zusatzversicherung und die gänzliche Herausnahme bestimmter Risiken aus der Krankenversicherung als durchaus denkbare Entwicklungsperspektiven der GKV diskutiert und empfohlen. Dann liegt die Frage nach einem „Verfassungssockel" für jedermann nicht fern. Eine solche Untergrenze müßte zwar nicht notwendig für die beitragsfinanzierte GKV beachtlich sein; doch brächte sie sich dadurch zur Geltung, daß das, was an verfassungsrechtlich notwendigen Leistungen aus dem Solidarsystem herausgenommen würde, durch allgemeine Staatsleistungen aufgefangen werden müßte. Dabei deutet sich sogleich ein erhebliches gesundheitspolitisches Dilemma an; denn je höher ein solcher verfassungsfester Sockel jederzeit zu beanspruchender Leistungen angesetzt wird, desto größer wird die Verlockung, auf eigene Versorgungsaufwendungen zu verzichten und sich im konkreten Behandlungsfalle auf seine verfassungsunmittelbaren Ansprüche zu berufen. Bei hohem Sockel erscheinen fakultative Zusatzversicherungen als wenig attraktiv.

---

[39] *O. Seewald*, Zum Verfassungsrecht auf Gesundheit, 1981; *Hermes*, Schutz von Leben und Gesundheit (Fn. 30), 113 ff.; *Künschner*, Behandlungsverzicht und Patientenauswahl (Fn. 5); zusammenfassend *Wahl*, Kooperationsstrukturen (Fn. 4), 120 f. mit weiteren Nachweisen.

1. Meinungsstand

Judikatur und Schrifttum nehmen folglich nicht ohne Grund der Anerkennung eines originären Verfassungsanspruchs auf medizinische Leistungen gegenüber eine sehr restriktive Position ein. Die Frage ist aber, ob sich diese Linie gegenüber der „Entwicklungsdynamik des Sozialen" dauerhaft wird aufrechterhalten lassen.

a) Zur Rechtsprechung des Bundesverfassungsgerichts und des Bundesverwaltungsgerichts

Das Bundesverfassungsgericht hat umfassend und abschließend zur vorliegenden Problematik bisher nicht Stellung genommen. Es hat allerdings bereits im Jahre 1951 in einer seiner allerersten Entscheidungen festgestellt, daß Art. 2 Abs. 2 GG kein Grundrecht auf angemessene Versorgung durch den Staat sei, und deshalb aus dieser Vorschrift kein Recht auf Zuteilung bestimmter, „das allgemeine Maß öffentlicher Fürsorge übersteigender Renten" hergeleitet werden könne[40]. Auch ist die Bedeutung des öffentlichen Interesses an der Erhaltung der finanziellen Stabilität der gesetzlichen Krankenversicherung – allerdings in anderem Zusammenhang, z.B. bei berufsregelnden Maßnahmen i.S.d. Art. 12 GG – mehrfach anerkannt worden[41].

Ebenfalls in einer seiner ersten Entscheidungen war auch das Bundesverwaltungsgericht mit den Verfassungsfragen sozialer Leistungsrechte befaßt: In der berühmten Fürsorgepflicht-Entscheidung vom 24. 6. 1954 erkannte es einem Pflegebedürftigen unter Rückgriff auf Art. 1 und 20 GG einen Anspruch auf ergänzende Mietbeihilfen zu. Allerdings begründet das Urteil keine verfassungsunmittelbare staatliche Leistungspflicht, sondern legte einen nach dem einschlägigen Gesetz schon bestehenden Pflichtentatbestand i.S. einer anspruchsbegründenden Norm aus[42].

Die Zusammenführung eines speziell gesundheitsrechtlichen Leistungsanspruchs mit den Fragen notwendiger Leistungsgrenzen findet sich erst in zwei jüngeren Kammerentscheidungen des Bundesverfassungsgerichts. Der Beschluß vom 5. 3. 1997 versagt einen verfassungsrechtlichen Anspruch gegen die GKV auf Bereitstellung und Gewährung spezieller Gesundheitsleistungen[43]. Diese Recht-

---

[40] BVerfGE 1, 97 (104 f.). Unter Verweis auf diese Entscheidung heißt es in 75, 348 (360), es könne offenbleiben, „ob Art. 1 Abs. 1 GG ein Grundrecht des Einzelnen auf gesetzliche Regelung von Ansprüchen auf angemessene Versorgung begründen könnte".

[41] Vgl. BVerfGE 68, 193 (218) und unten unter B III.

[42] So auch *Merten*, in: Schulin, Sozialversicherungsrecht (Fn. 4), § 5 Rn. 46.

[43] BVerfG MedR 1997, 318 f.

sprechungslinie ist im Beschluß vom 15. 12. 1997 bestätigt worden[44]. Der aus der Schutzpflicht des Art. 2 Abs. 2 GG folgende grundrechtliche Anspruch sei im Hinblick auf die weite Gestaltungsfreiheit staatlicher Stellen bei der Ausfüllung dieser Pflicht „nur darauf gerichtet, daß die getroffenen Vorkehrungen nicht völlig ungeeignet oder völlig unzulänglich sind". Die Entscheidung unterstreicht in diesem Zusammenhang die Legitimität des Wirtschaftlichkeitsgebots bei der Festlegung des versicherungsrechtlichen Leistungsniveaus (§ 12 Abs. 1 SGB V).

Die zitierte Entscheidung hatte es allerdings nur mit der Vorenthaltung eines bestimmten, auf dem deutschen Markt noch nicht zugelassenen Arzneimittels für einen Patienten zu tun, der im übrigen die übliche Versorgung erfahren hatte. Über die grundrechtliche Behandlung derjenigen, die von der GKV nicht erfaßt werden, den kritischen Grundfall also, sagen die Kammerentscheidungen direkt nichts. Daß die Existenz eines für breite Bevölkerungsteile zulänglichen Krankenversicherungssystems auch für nicht erfaßte Personen die Berufung auf Grundrechte insoweit ausschlösse, läßt sich dem bisherigen Rechtsprechungsstand nicht entnehmen. In der Tendenz der Beschlüsse dürfte es vielmehr liegen, das System nicht pauschal zu bewerten, sondern durchaus im Blick auf den Einzelfall zu fragen, ob es „nicht völlig ungeeignet oder völlig unzulänglich" sei. So unverkennbar das Bemühen des Gerichts ist, nicht Detailfragen der Versorgung an Verfassungsmaßstäben zu messen, so bleibt doch der grundrechtlich-individuelle Ansatz bestimmend für die Fassung eines Leistungsanspruchs.

b) Entwicklungstendenzen im Schrifttum

Die Literatur setzt gerade an diesem Punkte an. Dabei stehen sich vereinfacht dargestellt drei Ansichten gegenüber: Teilweise wird die Schutzpflicht nur institutionell gedeutet (aa). Die meisten Autoren gehen jedoch von einem individuellen Anspruch aus, wollen ihn aber auf ein eng definiertes Existenzminimum begrenzen (bb). In jüngster Zeit mehren sich die Stimmen, die das Anspruchsminimum als Normalversorgung verstehen (cc).

aa) Gesundheitsschutz als nur institutionelle Gewährleistung

Ein Teil der Literatur lehnt einen verfassungsrechtlichen Individualanspruch auf staatliche Gesundheitsleistungen ab und sieht einen staatlichen Schutzauftrag allein institutionell gewährleistet. Gründlich hat das jüngst *Görg Haverkate* erläutert[45]. Er erinnert daran, daß die Verantwortung für die individuelle Gesundheit primär bei jedem einzelnen Bürger und nicht beim Staat liege. Weiter betont er, daß die Verfassung prinzipiell eine auf Dauer angelegte Ordnung sei, während es bei allen Ansprüchen auf Gesundheitsleistungen letztlich um aktuelle Verteilungs-

---

[44] BVerfG NJW 1998, 1775 f.

fragen gehe, die politisch entschieden werden müßten. Hier stehe die Gesundheitspolitik nicht anders da als viele andere Politikbereiche, die um die verfügbaren Geldmittel des Staates konkurrieren. *Haverkate* warnt vor den rechtlichen Folgen, die mit einer verfassungsrechtlichen Verbürgung von Individualansprüchen ausgelöst würden. „Wer hier den Richter – über die Konstruktion eines ‚Rechts auf Gesundheit' – zur austeilenden Instanz machen will, überfordert den Richter und entmündigt die politischen Entscheidungsorgane und letztlich die Wähler"[46]. *Haverkate* warnt schließlich davor, Verteilungsentscheidungen als medizinische Probleme zu definieren und ihre Lösung so den Ärzten zuzuschieben. Konsequent fordert er statt dessen klarere Entscheidungen der gesetzgebenden Instanzen – nicht nur für die Verteilung finanzieller Mittel, sondern auch bei den komplizierteren Fragen des chronischen Organmangels in der Transplantationsmedizin[47].

bb) Anspruch auf ein eng definiertes Existenzminimum

Die Kommentare zum Grundgesetz erkennen i.d.R. ein Individualrecht auf Gesundheitsschutz an, begrenzen dieses aber auf das Existenzminimum, das sie sich als eine eng definierte Minimalversorgung vorstellen[48]. Gern wird dabei die Formel benutzt, geschützt sei nur die „nackte Existenz"[49]. Dementsprechend soll ein Anspruch auf Staatsleistungen nur bestehen, „wenn die Vorenthaltung lebensnotwendiger Güter zum Tode führen würde". Wenn überhaupt, so heißt es, sei das jener Bereich, der strafrechtlich mit der unterlassenen Hilfeleistung des § 323 c StGB gekennzeichnet sei[50]. Jedenfalls soll ein solcher Anspruch deutlich unterhalb des derzeitigen Leistungsniveaus der GKV und der an dieser orientierten sozialhilferechtlichen Regelung der §§ 36, 37 BSHG liegen.

Nicht einheitlich beantwortet wird die Frage nach den Anspruchsgrundlagen: Häufig wird Art. 2 Abs. 2 GG, der Schutz des Lebens und der körperlichen Unversehrtheit, genannt. Oft werden auch der Menschenwürdesatz und das Sozialstaatsprinzip herangezogen. Meistens geschieht das ohne nähere Bestimmung ihres Verhältnisses zueinander, erkennbar eher kumulativ oder sich gegenseitig stützend. Gelegentlich ist Art. 2 Abs. 2 GG aber auch ausdrücklich ausge-

---

[45] Verantwortung für Gesundheit als Verfassungsproblem, in: Häfner, Gesundheit (Fn. 3), 119 ff.

[46] *Haverkate* (Fn. 45), 121.

[47] *Haverkate* (Fn. 45), 125.

[48] *Dürig* (Fn. 25), Art. 2 II Rn. 27; vgl. die Darstellung bei *Taupitz*, Ressourcenknappheit (Fn. 34), 113 (119 f.).

[49] So *Murswiek* (Fn. 17), Art. 2 Rn. 224; auch *Starck* (Fn. 18), Art. 2 Rn. 175.

[50] So die Formulierungen von *Taupitz* (Fn. 34), 119; erweiternd dann aber 121; weiter erkennbar auch *Schulze-Fielitz* (Fn. 8), Art. 2 Rn. 58: „Grundversorgung".

schlossen und der Anspruch nur auf Art. 1 Abs. 1 und Art. 20 Abs. 1 GG ge-stützt[51].

cc) Das Existenzminimum als Normalversorgung

Einige neuere Stimmen des verfassungsrechtlichen Schrifttums indizieren jedoch Ausdehnungstendenzen: Besonders ausgeprägt ist das bei *Ingwer Ebsen* der Fall[52]: Betont wird zwar, daß das verfassungsgebotene Minimum keine feste Größe sei. Gerade die Ausführungen zu Einzelpunkten offenbaren dann jedoch eine deutli-che Ausweitung des Minimums durch den Gedanken sozialer Gleichheit. *Ebsen* betont zutreffend den Unterschied zwischen Gesundheitsleistungen und anderen Sozialleistungen und die stärkere Beeinflussung des ersteren Bereichs durch den Gleichheitsgedanken. Aus dem „Zusammentreffen von zwei zentralen Elementen der Sozialstaatlichkeit, der Verantwortung des Gemeinwesens für das Existenzmi-nimum und dem Ziel sozialer Gleichheit" soll eine Differenzierung von Grund-versorgung und Zusatzversorgung im Gesundheitswesen nur sehr eingeschränkt möglich sein. „Das Maß an im Sinne von § 12 SGB V notwendigen und wirt-schaftlichen Gesundheitsleistungen präventiver und korrektiver Art, das in jewei-liger historischer Situation als ein ‚Normalstandard' für jedermann zu betrachten ist, darf dem Bedürftigen nicht deshalb vorenthalten sein, weil er sich die Leis-tung oder die private Vorsorge finanziell nicht leisten kann". Auch Leistungen, die der Zusatzversorgung im Rahmen des Leistungsspektrums der GKV zugewie-sen werden könnten, dürften dem Hilfsbedürftigen „unter den gegebenen ökono-mischen Verhältnissen Deutschlands" nur selten vorenthalten werden. *Ebsen* ver-langt, „Stigmatisierungen" zu vermeiden, und erläutert das am Beispiel des Zahn-ersatzes. „Es spricht viel dafür, daß das Gebot Verfassungsrang hat, dem Hilfsbe-dürftigen grundsätzlich ein Leben in der Umgebung von Nichthilfebedürftigen der unteren Einkommensschicht zu ermöglichen, das ihn nicht als solchen auffal-len läßt". Danach soll „ein vom in der Gesellschaft Normalen abweichender ‚Sozialhilfestandard' bei kieferorthopädischen Leistungen oder bei Zahnersatz oder bei bestimmten, das Erscheinungsbild prägenden Hilfsmitteln mit dem Staatsziel einer der Menschenwürde verpflichteten sozialen Gleichheit kaum zu vereinbaren" sein.

Für *Paul Kirchhof* ist Ausgangspunkt „die Gleichheit aller Menschen in der Unverletzlichkeit ihrer Menschenwürde"[53]. Er folgert daraus: „Der Schutz der

---

[51] So *Jarass*/Pieroth (Fn. 15), Art. 2 Rn. 60 i.V.m. Art. 1 Rn. 10 und Art. 20 Rn. 113. Kritisch zur Würde-Argumentation *V. Neumann*, Menschenwürde und Existenzminimum, NVwZ 1995, 426 ff.
[52] Verfassungsrechtliche Implikationen der Ressourcenknappheit im Gesund-heitswesen, NDV 1997, 71 ff.; ebenso *V. Neumann*, Der Grundrechtsschutz von Sozialleistungen in Zeiten der Finanznot, NZS 1998, 401 (410).
[53] Gerechte Verteilung medizinischer Leistungen im Rahmen des Finanzier-baren, MMW 1998, 200 ff.

Menschenwürde fordert die medizinische Wiederherstellung eines heilbaren Zustandes bei jedem Patienten und die Linderung von Schmerzen, soweit diese nicht eine mögliche Wahrnehmung von Freiheitsrechten gegen den Willen des Patienten ausschließt". Art. 2 Abs. 2 GG tritt hinzu und wird als Grundrecht auf Gewährleistung der Unversehrtheit interpretiert. Ausdrücklich wird hinzugefügt, daß die Verfassung dem Gesetzgeber hier „nur einen engen Gestaltungsspielraum" eröffne. Die entscheidende Konkretisierungsleistung wird der medizinischen Wissenschaft und der von ihr zu definierenden Behandlungsbedürftigkeit zugewiesen. An dieser Stelle kann *Kirchhof* sich eine Aufteilung zwischen einer Grundversorgung und einer Zusatzversorgung vorstellen. Die Grundversorgung als Pflichtaufgabe einer beitragsfinanzierten Medizin wird dabei allerdings keineswegs auf ein enges Existenzminimum reduziert, sondern bezieht sich auf Maßnahmen zum Schutz der Menschenwürde. Weiter heißt es dazu: „Für diese Grundversorgung innerhalb des jeweiligen Gesundheitssystems besteht ein Individualanspruch auf Gesundheit um jeden Preis". Eine Berücksichtigung von Finanzierungsgesichtspunkten hält *Kirchhof* dort für angängig, wo die Wirtschaftlichkeit medizinischer Eingriffe offensichtlich verfehlt wird: bei den medizinisch nicht gebotenen und deshalb auch wirtschaftlich nicht zu rechtfertigenden Eingriffen. Er gibt dazu Beispiele für Maßnahmen, die nur zu einer Verlängerung von Krankheit und Gebrechlichkeit zum Tod führen. Eine Rationierung durch Senkung von Standards soll im übrigen nur mittelbar durch eine allgemein greifende Verkürzung der bereitgestellten Behandlungsmittel möglich sein. Auch hier wirken Vorstellungen von Gleichheit im Krankheitsfall auf den grundrechtlichen Versorgungsanspruch ein.

– Ähnliche Überlegungen finden sich bei *Stefan Huster*[54]. *Huster* hält sich zwar gegenüber der Annahme eines absoluten Versorgungsstandards zurück. Er weist jedoch darauf hin, daß sozialbedingte Unterschiede in der medizinischen Versorgung anders als in anderen Sozialbereichen vielfach per se als ungerecht angesehen werden, so daß eine Versagung medizinischer Leistungen aus finanziellen Gründen als Ausdruck fehlender Achtung gegenüber dem einzelnen erscheine[55].

2. Inkonsistenzen der herrschenden Ansicht

Die in der Zwischenzeit anerkannte *schutz*rechtliche Interpretation zeigt, daß in Art. 2 Abs. 2 GG mehr als ein bloßes Abwehrrecht steckt[56]. Die Anerkennung einer *leistungs*rechtlichen Bedeutung wäre ein weiterer

---

[54] Grundversorgung und soziale Gerechtigkeit im Gesundheitswesen, Vortrag vor der Arbeitsgruppe „Gesundheitsstandards" der Berlin-Brandenburgischen Akademie der Wissenschaften, 2001 (Veröffentlichung vorgesehen).
[55] Huster (Fn. 54) unter II 3.
[56] Dazu oben unter III.

Schritt mit weitreichenden Folgen, dem gegenüber Vorsicht geboten ist. Die bisher herrschende Lehre sieht das zutreffend. Zweifelhaft erscheint allerdings, ob sie ihre Linie mit den bisherigen Argumenten durchhalten kann. Gewiß, die allgemeinen Grundrechtslehren bieten bisher keine sichere Basis für eine leistungsrechtliche Umdeutung von Freiheitsrechten. Aus der Berufsfreiheit (Art. 12 GG) folgt kein Recht auf einen Arbeitsplatz, aus der Unverletzlichkeit der Wohnung (Art. 13 GG) kein Anspruch auf Zuweisung einer Wohnung. Bei der Privatschulfreiheit (Art. 7 Abs. 4 GG) kann sich die Rechtsprechung allerdings „Besonderheiten" vorstellen, die immerhin zu einer Bindung des Gesetzgebers in Ausstattungsfragen führen soll, die u.U. per Verfassungsbeschwerde überprüfbar ist[57]. Ein allgemeiner Lehrsatz des Inhalts, daß Freiheitsrechte niemals originäre Leistungsrechte umgreifen können, läßt sich jedenfalls nicht aufstellen.

Wenn Leben und Gesundheit ein „Höchstwert" sind, wie verfassungsgerichtlich immer wieder versichert wird, dann ist Art. 2 Abs. 2 GG die erste Adresse, um auch einen leistungsrechtlichen Gehalt zu entfalten. Damit ist kein allgemeiner Anspruch auf Erhalt oder Wiederherstellung der Gesundheit gemeint; so kann es einen Anspruch auf ein transplantationsgeeignetes Organ nicht geben[58]. Aber ein gegen den Staat gerichteter Geldleistungsanspruch erscheint gerade im Schutzbereich des Art. 2 Abs. 2 GG durchaus begründbar. Jedenfalls verliert der an sich zutreffende Einwand, es müsse ein Hineinregieren der Richter in die parlamentarische Haushaltsautonomie verhindert werden, seine Überzeugungskraft, wenn ein Anspruch auf ein „Existenzminimum" ohnehin anerkannt ist. Mit dem Minimalanspruch hat man auch das Leistungsrecht in die Grundrechtslehren hineingetragen.

Hat man aber das Leistungsrecht, dann erweist sich die Vorstellung, die Begrenzung auf das Existenzminimum halte die dazu notwendigen Kosten in überschaubarer Größe, gerade im Gesundheitsrecht als trügerisch. Wenn man die derzeitigen Versorgungserwartungen linear fortschreibt, gelangt man vom Existenzminimum zu einer Grundversorgung, die hinter dem allgemeinen Versorgungsniveau kaum zurückstehen känn. „Gesundheit ist eben tatsächlich ein Grundbedürfnis, das sich in einem Rechtssystem, das den Sozialstaat – und damit im Rahmen des Möglichen

---

[57] BVerfGE 75, 40 (62 ff.); 90, 107 (115).
[58] Vgl. *W. Kluth/B. Sander*, Verfassungsrechtliche Aspekte einer Organspendepflicht, DVBl. 1996, 1285 ff.

auch die Grundbedürfnisse – aller zu achten verspricht, einer Sozial-
differenzierung grundsätzlich sperrt"[59]. Der in jüngeren Urteilen erkenn-
bare sozialpolitische Aktivismus des Bundesverfassungsgerichts tut ein
übriges[60], um eine deutliche Absenkung des Leistungsniveaus auf eine
wirkliche „Minimalversorgung" – auf der Basis des überkommenen
sozialstaatlichen Anspruchsdenkens – mit erheblichen verfassungsrechtlichen Risiken zu belasten.

3. Wandel des Versorgungsverständnisses notwendig

Wenn ein Verfassungsanspruch in seinen finanziellen Folgen nicht
unkalkulierbar werden soll, dann wird man schon bei der allgemeinen Definition des Leistungsniveaus den Faktor *individueller Bestimmung* stärker
herausstellen müssen. Die kaum noch überschaubare Vielfalt ministerieller und korporativer Wege der Leistungsbestimmung und Leistungs-
begrenzung wäre – jedenfalls teilweise – aufzugeben. Statt dessen sollte
das, was von der Bevölkerung als Grundversorgung erwartet wird, mehr
privaten Präferenzentscheidungen anvertraut werden.

Das ist ein schwieriger und lang dauernder Weg; denn es geht nicht
um radikale gesetzliche Änderungen mit ihren verfassungsrechtlichen Risiken, sondern um eine Veränderung des Versorgungsbewußtseins – eben
gerade keine lineare Fortschreibung des derzeitigen, fremdgesteuerten
Leistungsverständnisses. Wie ein solcher Weg trotz seiner Schwierigkeiten
beschritten werden könnte, hat *Huster* im bereits genannten Beitrag gezeigt[61]: Zutreffend hält er an der Prämisse fest, „daß Gesundheit ein fun-
damentales Gut ist und daß deshalb eine Differenzierung der medizinischen Versorgung zu vermeiden ist, die die Gesellschaft spaltet und einen
Teil der Bürger deutlich ausgrenzt". Verlangt wird von einem rationalen
Gesundheitssystem jedoch, daß es eine Abwägung zwischen dem medizinisch Möglichen und den Kosten zuläßt. *Huster* empfiehlt daher, in die
Grundversorgung alles das einzubeziehen, was die Bevölkerung im Durch-
schnitt zu versichern bereit ist. Für diesen Umfang muß demjenigen, der

---

[59] So *Huster* (Fn. 54).
[60] BVerfGE 99, 246 ff., 268 ff., 273 ff. und 300 ff. sowie die
Pflegeversicherungsurteile vom 3. 4. 2001, EuGRZ 2001, 165 ff., 173 ff., 178 ff.,
186 ff.
[61] Huster (Fn. 54).

über die entsprechenden Mittel nicht verfügt, öffentliche Hilfe gewährt werden. Was darüber hinausreicht, kann von den Versicherungen in unterschiedlichen Leistungspaketen als Zusatzversorgung angeboten werden. Die Grenze ist flexibel. Der Grundversorgungsanspruch hat an dem teil, was das Gros der Bevölkerung für sich als sinnvoll und geboten erachtet. Das führt zugleich hinaus über die verengte Perspektive der Obergrenzen und Kostendeckelungen. Es mag nämlich durchaus sein, daß die Bevölkerung mehrheitlich bereit ist, für die Gesundheit mehr Geld auszugeben, als ihr bisher abverlangt wurde. Das sollte jedoch nicht durch Entscheidungen der Politik, sondern durch die private Versicherungsbereitschaft indiziert werden! Im Grundkonzept bleibt der einzelne Versorgungsanspruch in eine allgemein definierte Präferenzordnung eingebunden. Aber es ist eine bei den wirklichen Präferenzen ansetzende Orientierung, kein durch Gesetz oder verbandliche Verhandlungsmechanismen vorgegebener Versorgungsstandard. Für die Definition müssen intelligente Verfahren entwickelt werden, die sich von dem unterscheiden, was derzeit innerhalb des GKV-Systems geschieht.

VI. Exkurs:
Zur Frage eines gesundheitsrechtlichen „Rückschrittsverbots"

In der Politik spielt gelegentlich der Gedanke eines Rückschrittsverbots eine Rolle, um den Gesetzgeber an Änderungen eines einmal erreichten status quo zu hindern. Solche „Verbote" werden z.B. für die Umweltpolitik, aber auch für die Sozialpolitik formuliert. Sofern ein Verbot sozialen Rückschritts eine verfassungsrechtliche Grundlage hätte, wären die staatlichen Organe daran gehindert, ein einmal erreichtes Leistungsniveau abzusenken oder Leistungen aus der bisherigen solidarischen Finanzierung auszuklammern[62].

---

[62] Vgl. *Neumann*, Sozialleistungen (Fn. 52), 401 ff.; *K.-J. Bieback*, Verfassungsrechtlicher Schutz gegen Abbau und Umstrukturierung von Sozialleistungen, 1997.

1. Bezug zum Sozialstaatsgebot des Art. 20 Abs. 1 GG

Inwieweit dem Sozialstaatsprinzip ein Rückschrittsverbot zu entnehmen ist, wird in der Literatur unterschiedlich beantwortet. So hat *Roman Herzog* schon 1980 darauf hingewiesen, daß der Sozialstaat in den westlichen Industrienationen wahrscheinlich künftig nicht mehr mit der Verteilung von Zuwachsraten als vielmehr der Umverteilung des Vorhandenen arbeiten müsse. Er folgert daraus, daß das Sozialstaatsprinzip „nicht einmal die verfassungsrechtliche Garantie des jeweiligen status quo für alle sozialen Gruppen" bewirke[63]. Er stützt sich dabei auch auf ein Urteil des Bundessozialgerichts vom 28. 8. 1961, in dem es heißt: „Wollte man schon in jeder Verschlechterung des Besitzstandes einen Verstoß gegen das Sozialstaatsprinzip erblicken, so könnte der Gesetzgeber solche Positionen in Zukunft nur noch verbessern"[64]. Ähnlich weist *Hans Zacher* darauf hin, daß ein Verbot sozialen Rückschritts an der Komplexität und Dynamik des „Sozialen" scheitern müsse[65]. In dieser Weise umreißen auch die meisten Grundgesetzkommentare das Problem[66].

Eine Gegenposition wird nur selten formuliert. So heißt es im Alternativkommentar zum Grundgesetz: „Damit wird ein gewachsener Rechtsstandard, wie er nach allgemeinem Verständnis den Sozialstaat ausmacht, unumkehrbar. Mit anderen Worten: Arbeitsschutz, soziale Sicherung, Mitbestimmung und Tarifvertragssystem, um die wichtigsten Bereiche zu nennen, sind in ihrem substantiellen Gehalt verfassungsfest"[67]. In diesem Sinne bestehe ein „Verbot des sozialen Rückschritts". Dieses soll allerdings Korrekturen in Randbereichen und neue Prioritäten seitens des Gesetzgebers nicht ausschließen. Verboten wird dem Gesetzgeber die „ersatzlose Demontage"; andererseits wird anerkannt, daß eine Zementierung des vorhandenen Systems nach Struktur, Höhe und Organisation nicht gemeint sein kann[68]. Dem Gesetzgeber wird allerdings eine Beweislast

---

[63] *R. Herzog*, in: Maunz/Dürig (Fn. 25), Art. 20 VIII Rn. 28.

[64] BSGE 15, 71 (76).

[65] *H. F. Zacher*, in: Isensee/Kirchhof, Handbuch des Staatsrechts, Bd. 1, 2. Aufl. 1995, § 25 Rn. 79.

[66] Vgl. *K.-P. Sommermann*, in: v. Mangoldt/Klein/Starck, Grundgesetz, Bd. 2, 4. Aufl. 2000, Art. 20 Abs. 1 Rn. 100; *R. Gröschner*, in: Dreier, Grundgesetz, Bd. 2, 1998, Art. 20 (Sozialstaat) Rn. 31; *K.-H. Seifert/D. Hömig*, Grundgesetzkommentar, 6. Aufl. 1999, Art. 20 Rn. 4.

[67] *M. Kittner*, in: AK-Grundgesetz, Bd. 1, 2. Aufl. 1989, Art. 20 Abs. 1-3 IV Rn. 29.

[68] *Kittner* (Fn. 67), Rn. 79.

dafür aufgebürdet, daß die veränderten Verhältnisse eine Reduktion des erreichten Zustandes erfordern; außerdem sollen die neu definierten Prioritäten ihrerseits sozialstaatlich legitimiert sein. In einem spezifischeren Sinne weist *Hermes* auf den Bestandsschutz hin, den das Existenzminimum genießen muß[69]. Er hat wohl nur die absolute Untergrenze („Grenze zur groben Vernachlässigung") im Auge.

Als Ergebnis ist festzuhalten, daß das Sozialstaatsprinzip einem Verbot sozialen Rückschritts keine besonderen Konturen verleiht[70]. Der Schutz des Existenzminimums folgt aus anderen Bestimmungen. Soweit dieses „Minimum" in den zurückliegenden Jahrzehnten mit der Zunahme des allgemeinen Wohlstandes seinerseits zugenommen hat, ist es flexibel und kann folglich auch von Rückgängen betroffen sein. Aus dem Gedanken der „Verantwortungssubsidiarität des Staates" wird heute eher umgekehrt eine Rücknahme der staatlichen Gesundheitsverantwortung für *geboten* gehalten[71].

2. Bezug zum Eigentumsschutz des Art. 14 GG

Ein Verbot sozialen Rückschritts könnte sich allenfalls aus dem Gedanken des eigentumsrechtlichen Bestandsschutzes ergeben, dem vielfach auch Gesichtspunkte des Vertrauensschutzes zugerechnet werden[72]. Ansprüche des öffentlichen Rechts sind aber nur in eingeschränktem Umfang als „Eigentum" im Sinne des Art. 14 Abs. 1 GG zu definieren. Von vornherein nicht erfaßt sind sozial*hilfe*rechtliche Ansprüche. Veränderungen der die Gesundheitsversorgung betreffenden §§ 36, 37 BSHG wären daher durch Art. 14 GG nicht ausgeschlossen. Eigentumsschutz wird unter gewissen Voraussetzungen allerdings sozial*versicherungs*rechtlichen Ansprüchen zuerkannt. Eine umfangreiche Rechtsprechung existiert zur Frage, inwieweit Renten und Rentenanwartschaften den Schutz des Art. 14

---

[69] *Hermes*, Schutz von Leben und Gesundheit (Fn. 30), 118.

[70] *B. Schulin/G. Igl*, Sozialrecht, 6. Aufl. 1999, § 1 Rn. 23 (27); *Neumann*, Sozialleistungen (Fn. 52), 401.

[71] *R. Pitschas*, Neue Versorgungs- und Vergütungsstrukturen in der gesetzlichen Krankenversicherung im Wirkfeld der Gesundheitsverfassung, VSSR 1998, 253 (259 f.).

[72] Vgl. zur Änderung grundrechtsausgestaltender Gesetze allgemein *M. Gellermann*, Grundrechte in einfachgesetzlichem Gewande, 2000, 397 ff.

GG genießen[73]. Das für den vorliegenden Untersuchungszusammenhang entscheidende Kriterium verlangt „eine vermögenswerte Rechtsposition, die nach Art eines Ausschließlichkeitsrechts dem Rechtsträger als privatnützige zugeordnet ist"[74]. Ob dieses Kriterium für die Ansprüche aus der GKV gilt, ist verfassungsgerichtlich soweit ersichtlich bisher nicht entschieden[75]. Für den Anspruch auf Krankengeld ist die Frage offen gelassen worden[76]. Bei Anlegung des genannten Kriteriums dürfte der Schutz des Art. 14 GG zu verneinen sein. Anders als Renten und Rentenanwartschaften sind die Versicherungsansprüche des SGB V dem Versicherten nicht als Rechtsposition privatnützig zugeordnet. Inwieweit sie überhaupt entstehen, hängt vom Eintritt des Krankheitsfalles ab. Gegen eine eigentumsähnliche Deutung spricht auch die Rechtskonstruktion der Ansprüche nach Maßgabe des Sachleistungsprinzips der §§ 2 Abs. 2, 13 SGB V.

Selbst dann aber, wenn man entgegen der hier vertretenen Ansicht einen Eigentumsschutz krankenversicherungsrechtlicher Ansprüche für denkbar hielte, böte eine solche Zuordnung keinen Schutz vor Absenkungen des Leistungsniveaus und sonstigen Einschränkungen des Versicherungsschutzes gegenüber der derzeitigen Rechtslage. Selbst die wesentlich stärker abgesicherten Renten und Rentenanwartschaften der Sozialversicherung sind gegenüber gesetzlichen Einschränkungen nicht gefeit. Auch sie können vom Gesetzgeber im Rahmen des Art. 14 Abs. 1 S. 2 GG aus legitimen Gründen unter Beachtung des Verhältnismäßigkeitsprinzips umgestaltet werden[77]. Da in der Krankenversicherung für die Ansprüche keine Ansparungen erbracht werden, sondern die Versicherungsverhältnisse sich kurzfristig konkretisieren, wäre hier der gesetzgeberische Gestaltungsspielraum noch wesentlich größer als bei den Renten. Auch das *Vertrauensschutzprinzip* bringt kaum zusätzliche Verfestigungen[78]; das gilt unabhängig davon, ob man es in Art. 14 Abs. 1 GG

---

[73] Nachweise bei *Jarass*/Pieroth (Fn. 15), Art. 14 Rn. 12; *H.-J. Papier*, in: Maunz/Dürig (Fn. 25), Art. 14 Rn. 124 ff.

[74] BVerfGE 69, 272 (300); std. Rspr., vgl. BVerfGE 97, 271 (284).

[75] BVerfGE 69, 272 ff. betrifft zwar eine krankenversicherungsrechtliche Position, die jedoch nicht aus sich heraus, sondern durch ihre Zuordnung zur Position von Rentnern zu deuten war.

[76] BVerfGE 97, 378 (385).

[77] Vgl. BVerfGE 64, 87 (99 ff.).

[78] Vgl. BVerfGE 97, 378 (388 f.).

integriert oder als eigenständig behandelt[79]. Abänderungen mit Wirkungen für die Zukunft können zudem durch Übergangsregelungen verfassungskonform gestaltet werden[80].

B. Der Rang der ärztlichen Berufsfreiheit: „Professionalität"

Mit einer stärkeren Prozeduralisierung haben wir es auch bei der ärztlichen Berufsfreiheit zu tun. Freilich hinterläßt die jüngere Rechtsentwicklung einen zwiespältigen Eindruck. Einerseits wird immer wieder ihr „hoher Rang" des Art. 12 GG beschworen, auf der anderen Seite aber wird schleichender Aushöhlung wenig Widerstand entgegengesetzt. Jedenfalls verlangt das Grundrecht der Berufsfreiheit schon bei der Bestimmung des Schutzbereichs Sorgfalt, um die Spezifika der Heilberufe zu erfassen (I). Die gesetzgeberischen Zugriffe auf den Arztberuf, die nach Maßgabe einer gestuften Verhältnismäßigkeitsprüfung legitimiert werden müssen, zeigen sich in immer wieder neuen Varianten direkter oder indirekter Regelungen, insbesondere für das Vertragsarztrecht (II). Insgesamt wird ein hinreichender grundrechtlicher Schutz nur dann erzielt, wenn man sich nicht vorschnell von Kollektivierungszwängen einfangen läßt (III).

I. Der Schutzbereich: Beruf des Arztes

Die Berufsfreiheit, so heißt es in der Rechtsprechung, konkretisiere das Grundrecht auf freie Entfaltung der Persönlichkeit im Bereich der individuellen Leistung und Existenzerhaltung und ziele auf eine möglichst unreglementierte berufliche Betätigung[81]. Auf eine selbständige oder unselbständige Ausübung des Berufs kommt es insoweit nicht an. Auch die in Krankenhäusern, Sanatorien oder sonst angestellten Ärzte genießen in vollem Umfange den Schutz des Art. 12 GG.

---

[79] In letzterem Sinne *Neumann*, Sozialleistungen (Fn. 52), 401 (407 f.).
[80] Vgl. *Merten*, in: Schulin, Sozialversicherungsrecht (Fn. 4), § 5 Rn. 67.
[81] BVerfGE 75, 284 (292); BVerwGE 87, 37 (39).

1. Kein staatlich „gebundener" Beruf

Schon bei der Bestimmung des grundrechtlichen Schutzbereichs werden allerdings Unterschiede im Maß staatlicher Bindungen gemacht, die auf die Regelungsoffenheit durchschlagen. So ist anerkannt, daß für Tätigkeiten im öffentlichen Dienst gem. Art. 33 GG weiterreichende Einschränkungen vorgesehen werden können als für „normale" Berufe. Ähnliches gilt für sog. staatlich gebundene Berufe, d.h. solche Tätigkeiten, die zwar nicht als öffentlicher Dienst einzustufen sind, die aber doch eine besondere organisatorische oder funktionale Nähe zur öffentlichen Verwaltung aufweisen. Diese Berufe nehmen „eine Mittelstellung zwischen dem soziologischen Typus der sog. freien Berufe, die in eben durch persönliche Dienstleistungen geprägten Aktionsfeldern mannigfachen öffentlichen Auflagen ausgesetzt sind, und den vollständig in die Staatsorganisation einbezogenen Berufen ein"[82].

Der Beruf des Arztes gehört nicht in diese Kategorie. Seine Ausübung unterliegt zwar zahlreichen fachgesetzlichen Regelungen. Trotzdem ist er kein staatlich gebundener Beruf in dem von der Rechtsprechung verwendeten spezifischen Sinne. Für die *Vertragsärzte* nach §§ 72 – 76 SGB V ist das freilich in jüngerer Zeit angezweifelt worden[83]. Das Bundesverfassungsgericht hatte zwar 1960 herausgearbeitet, daß die Rechtsstellung des Kassenarztes weder öffentlicher Dienst im Sinne des Art. 33 Abs. 5 GG noch ein staatlich gebundener Beruf sei. Seither sind die Heilberufe durch eine Flut von Kostendämpfungs- und Gesundheitsstrukturgesetzen[84] erheblich eingeschnürt worden. In der Literatur wird daraus gelegentlich ein „Systemwechsel" zur staatlich gebundenen Tätigkeit herausgelesen[85]. Eine solche Einstufung ist jedoch abzulehnen[86]. Die Rechtsfigur des staatlich

---

[82] *P. J. Tettinger*, in: Sachs (Fn. 17), Art. 12 Rn. 46.

[83] Vgl. die ausführliche Darstellung des Meinungsstandes bei *H. Sodan*, Die freien Berufe als Leistungserbringer im Recht der gesetzlichen Krankenversicherung, 1997, 102 ff., betr. die Beleihung, 136 ff., betr. staatlich gebundene Berufe; *M. Quaas*, Zur Berufsfreiheit des Freiberuflers, insbesondere der Ärzte, MedR 2001, 34 ff.

[84] Dazu der Überblick bei *U. Kötter*, in: Lehr- und Praxiskommentar – Gesetzliche Krankenversicherung, 1998, vor §§ 72 – 76 Rn. 16 f.; *Quaas*, Berufsfreiheit (Fn. 83), 34 (36).

[85] So *Ebsen*, Zeitschrift für Sozialreform 1992, 328 (332); offengelassen BVerfG (K), NJW 1998, 1776 (1777).

[86] Ebenso *Sodan*, Leistungserbringer (Fn. 83), 144 f.; *G. Manssen*, in: v. Mangoldt/Klein/Starck (Fn. 18), Art. 12 Rn. 44; *F. Hufen*, Inhalt und Einschränkbarkeit vertragsärztlicher Grundrechte, MedR 1996, 394 ff.; *W. Boecken*, Vertragsärztliche Bedarfsplanung aus rechtlicher Sicht, NZS 1999, 417 (418).

gebundenen Berufes darf nicht zu einer billigen Möglichkeit für den Gesetzgeber werden, durch Organisationsregelungen den Schutz des Art. 12 GG immanent zu reduzieren[87]. Entscheidend gegen sie spricht, daß Vertragsärzte nach wie vor keine originären Staatsaufgaben eines Gesundheitsdienstes erfüllen. Will der Gesetzgeber die ärztliche Berufsfreiheit weiter reglementieren, so unterliegt er den allgemeinen Begründungsanforderungen der verfassungsgerichtlichen Stufenlehre; ein schon vorab bei einer Verengung des Schutzbereichs ansetzendes zusätzliches Regelungsmandat kommt ihm nicht zu.

2. Der Arztberuf als „freier" Beruf

Der Arztberuf ist ein freier Beruf. Damit ist keine Regelungsfreiheit, sondern ein soziologischer Tatbestand gemeint[88], der als vorgefundene Sachstruktur jeder gesetzgeberischen Regelung voraufliegt und von dieser respektiert werden muß[89]. Zu den besonderen Qualitätsmerkmalen freier Berufe gehören u.a. der persönliche Einsatz bei der Berufsausübung, das Erfordernis einer qualifizierten Ausbildung, ein besonderes Vertrauensverhältnis des Freiberuflers zu seinem Auftraggeber bzw. Patienten, ein hohes Maß an Weisungsunabhängigkeit und – bei aller wirtschaftlichen Orientierung, die im Berufsbegriff selbst liegt – die Erwartung einer altruistischen Berufseinstellung[90]. Die genannten Merkmale liegen nicht ein für alle Mal fest. Sie sind entwicklungsoffen und schließen Wandlungen innerhalb der Gruppe der freien Berufe ebensowenig aus wie das „Herauswachsen und Hineinwachsen" von Berufen in diese Gruppe[91]. Gerade

---

[87] Vgl. BVerfGE 73, 280 (293 f.) und 301 (315 f.); für eine engere Fassung des Begriffs *Jarass*/Pieroth (Fn. 15), Art. 12 Rn. 52.

[88] Zur wesentlich soziologischen Natur des Berufsbegriffs vgl. *R. Scholz*, in: Maunz/Dürig (Fn. 25), Art. 12 Rn. 13.

[89] Ähnlich *R. Pitschas*, in: R. Schmidt (Hrsg.), Öffentliches Wirtschaftsrecht, Bd. 2, § 9 Rn. 10 f.

[90] Vgl. *Scholz*, in: Maunz/Dürig (Fn. 25), Art. 12 Rn. 256; *Sodan*, Leistungserbringer (Fn. 83), 63 ff.; *J. Taupitz*, Die Standesordnungen der freien Berufe, 1991, 36 ff.; *Quaas*, Berufsfreiheit (Fn. 83), 34 (35). Vgl. auch § 1 Abs. 2 des PartnerschaftsgesellschaftsG vom 25. 7. 1994 (BGBl. I, 1744). Werbeverbot und Verkammerung, die oft ebenfalls als typprägende Merkmale genannt werden, sind eher als akzidentielle Merkmale einzustufen.

[91] *Scholz*, in: Maunz/Dürig (Fn. 25), Art. 12 Rn. 256; Hinweise zu solchen Wandlungen bei *Pitschas* (Fn. 89), § 9 Rn. 24 ff.

dieser Punkt ist für die Bestimmung des Schutzbereichs des Art. 12 GG besonders wichtig, denn die allgemeine Berufsdefinition bietet nur einen äußeren Rahmen. Sie gibt wenig Anhaltspunkte dafür, was den einzelnen Beruf ausmacht. Ohne eine solche substantielle Auffüllung kann aber bei der Behandlung der anderen Tatbestandsmerkmale des Art. 12 GG nicht festgestellt werden, wie stark sich eine bestimmte gesetzliche Regelung auf einen konkreten Beruf auswirkt und inwieweit sie geeignet, erforderlich und verhältnismäßig ist.

Es geht um das jeweilige *Berufsbild*. Dieser Begriff wird in der verfassungsgerichtlichen Dogmatik allerdings bisher üblicherweise dazu benutzt, den Schutzgehalt des Art. 12 GG eher zu relativieren als zu stärken, indem die Schutzwirkungen der Verfassungsvorschrift zunächst überhaupt nur auf feste Berufsbilder ausgerichtet und dem Gesetzgeber die Befugnis zur rechtlichen Fixierung solcher Bilder eingeräumt wurde[92]. Das ist hier jedoch gerade nicht gemeint. Vielmehr soll das Berufsbild die Grundbefindlichkeit des verfassungsrechtlichen Berufsbegriffs verdeutlichen, der – wie *Rupert Scholz* es formuliert hat – ein Begriff „mit maßgebend soziologischen, ökonomischen, sozialen und ethischen Bezügen ist"[93]. Das Grundrecht der Berufsfreiheit verlangt daher eine persönlichkeitsbezogene Interpretation, „die innerhalb der Berufsfreiheit – je nach Grundrechtsträger und konkreter Berufsbetätigung – auch unterschiedliche Gewährleistungsinhalte formiert"[94]. Auf der Ebene der Schutzbereichsbestimmung haben also zunächst einmal nicht Beschränkungen aus kollektivierender Zuordnung, sondern Selbstdefinition und Selbstverständnis der Grundrechtsberechtigten ihren Platz[95].

3. Berufsethos des Arztes

Ein solches „autonomes Berufsbild" verdeutlicht vor allem auch den Rang berufsethischer Elemente für die Bestimmung des Grundrechtsschutzes des Arztberufs. Es ist der Heilauftrag, der den Beruf des Arztes beherrscht: salus aegroti suprema lex[96]. „Meine Verordnungen werde ich treffen zu

---

[92] BVerfGE 7, 377 (406); std. Rspr. vgl. 80, 1 (24 f.); zutr. kritisch *Scholz*, in: Maunz/Dürig (Fn. 25), Art. 12 Rn. 267 f.; *Tettinger* (Fn. 17), Art. 12 Rn. 52 ff.

[93] *Scholz*, in: Maunz/Dürig (Fn. 25), Art. 12 Rn. 29 ff.

[94] *Scholz*, in: Maunz/Dürig (Fn. 25), Art. 12 Rn. 34.

[95] Ähnlich *F. Hufen*, Berufsfreiheit – Erinnerung an ein Grundrecht, NJW 1994, 2913 (2917).

[96] *E. Deutsch*, Medizinrecht, 4. Aufl. 1999, Rn. 9.

Nutz und Frommen der Kranken nach meinem besten Vermögen und
Urteil, sie schützen vor allem, was ihnen Schaden und Unrecht zufügen
könnte," – so verlangt es der hippokratische Eid[97]. Das arztrechtliche
Schrifttum hat auf dieser Grundlage eine Reihe das Berufsbild prägender
Prinzipien herausgearbeitet[98]:

– *Anwendung der medizinischen Wissenschaft*: Dieser Grundsatz verpflichtet den Arzt, die Regeln der medizinischen Wissenschaft, wie sie z.Z.
der Behandlung bestehen, anzuwenden. „Der Standard der medizinischen
Wissenschaft wirkt normativ"; „überholte Methoden oder fehlende Alternativen können niemals Standard sein".

– *Vertrauen des Patienten*: Mit diesem Grundsatz reagiert die ärztliche
Ethik auf den Umstand, daß die ärztliche Behandlung für Patienten oft
eine existentielle Situation darstellt. Gerade hierin unterscheidet sich der
Arztberuf von vielen anderen Berufen, auch freien Berufen. „Das Vertrauensverhältnis ist ein integraler Bestandteil der Arzt-Patienten-Beziehung und eine Voraussetzung für den Heilerfolg"[99].

– *Selbstbestimmung des Patienten*: Dieser Grundsatz zeigt an, daß die
Einwilligung des Patienten, nach entsprechender Aufklärung durch den
Arzt, die wesentliche Grundlage der Behandlung ist.

– *Autonomie des Arztberufs*: „Der Beruf des Arztes zur medizinischen
Betreuung des Patienten ist abhängig von der medizinischen Wissenschaft
und als solcher autonom. Die von der Wissenschaft gesetzten Notwen-
digkeiten binden den Arzt. Der Staat kann ihm insoweit keine Grenzen
setzen"[100]. Ähnlich heißt es in der revidierten Deklaration von Lissabon
des Weltärztebundes (1996) über die Rechte des Patienten: „Jeder hat,
ohne Unterschied, ein Recht auf angemessene ärztliche Versorgung". Dem
folgt zur Unterstützung der ärztlichen Autonomie der Hinweis, daß der
Arzt „seine medizinischen und ethischen Entscheidungen frei und ohne
Einmischung von außen" muß treffen können.

---

[97] Die Musterberufsordnung für die deutschen Ärztinnen und Ärzte von
1997 faßt diesen Grundtatbestand in folgende Formulierungen (§ 2): (1) Der Arzt
übt seinen Beruf nach seinem Gewissen, den Geboten der ärztlichen Ethik und
der Menschlichkeit aus. Er darf keine Grundsätze anerkennen und keine Vorschriften oder Anweisungen beachten, die mit seiner Aufgabe nicht vereinbar sind
oder deren Befolgung er nicht verantworten kann. (2) Der Arzt hat seinen Beruf
gewissenhaft auszuüben und dem ihm bei seiner Berufsausübung entgegen-
gebrachten Vertrauen zu entsprechen.
[98] *Deutsch*, Medizinrecht (Fn. 96), Rn. 10 ff.
[99] *Quaas*, Berufsfreiheit (Fn. 83), 34 (36).
[100] *Deutsch*, Medizinrecht (Fn. 96), Rn. 16.

Das Berufsethos des Arztes ist ein Kernelement des Arztberufs und ist folglich der wichtigste Bezugspunkt, wenn es um die Definition des Schutzbereichs des Art. 12 Abs. 1 GG geht. Die darin angelegten Maßstäbe sind nicht von außen kommende Beschränkungen ärztlicher Tätigkeiten, sondern machen ihre innere Substanz aus. Staatliche Regelungen können sie weiter ausformen. Dazu liegt hinreichend Rechtsprechung vor, z.B. zu den berufsrechtlichen Werbeverboten. Prekärer aber sind diejenigen Fälle, in denen staatliche Regelungen den Arzt in Mechanismen einspannen, die ihm eine Berufsausübung nach Maßgabe der aufgezeichneten Prinzipien erschweren, wenn nicht sogar unmöglich machen.

II. Staatliche Eingriffe in den Schutzbereich

Die weiteren verfassungsrechtlichen Überlegungen verlangen folglich eine genaue Analyse der direkten und indirekten Auswirkungen staatlicher Regelungen auf das autonome Berufsbild des Arztes. Die herrschende Dogmatik unterscheidet dabei zwischen Maßnahmen, die sich unmittelbar auf die Berufstätigkeit beziehen (1), und solchen, die „mindestens" eine objektiv berufsregelnde Tendenz haben (2)[101]. Folgt man dieser nicht unbestrittenen Einteilung[102], so bietet sich für den Arztberuf folgendes Bild:

1. Finale und unmittelbare Maßnahmen

Hierunter fallen alle Regelungen, die die berufliche Tätigkeit ganz oder teilweise unterbinden, oder deren unmittelbare Folge es sonst ist, daß die Tätigkeit nicht in der gewünschten Weise ausgeübt werden kann[103]: In diese Gruppe gehören die objektiven und subjektiven Zulassungsschranken, Genehmigungsvorbehalte, Zwangsmitgliedschaften, Vergütungsregelungen und die vielfältigen Melde- und Auskunftspflichten des Wirtschaftsverwaltungsrechts. Das ärztliche Berufsrecht und das Sozialversicherungsrecht des SGB V schöpfen hier das gesamte Arsenal staatlicher Steuerungsinstrumente aus. Von einer Deregulierung kann nicht die

---

[101] BVerfGE 95, 267 (302); 97, 228 (254); std. Rspr.; *Jarass*/Pieroth (Fn. 15), Art. 12 Rn. 11 f.; *Tettinger*, in: Sachs (Fn. 17), Art. 12 Rn. 71 ff.

[102] Zur Kritik z.B. *R. Breuer*, in: Isensee/Kirchhof, Handbuch des Staatsrechts, Bd. 6, 1989, § 148 Rn. 29 ff.

[103] BVerfGE 82, 209 (223).

Rede sein; im Gegenteil: Geringfügigen Lockerungen, z.B. in der Frage
der Werbeverbote[104], steht eine Intensivierung krankenversicherungsrechtlicher Regelungen gegenüber, die ihresgleichen sucht. Selbst die mit der
Kassenarzt-Entscheidung von 1960 verabschiedeten Zulassungsbe-
schränkungen sind im Gefolge der Bedarfsplanungen zurückgekehrt und
sollen ab 1. 1. 2003 in eine bundesweit an Verhältniszahlen orientierte
Bedarfszulassung einmünden (§ 102 SGB V). Wenn man als Gesetzgeber
für ein geschlossenes Versorgungsmodell optiert hat, ist kein Halten mehr,
weil sich immer wieder wirkliche oder vermeintliche Lücken auftun, die
nach neuen Vorschriften rufen[105].

2. Andere berufsregelnde Maßnahmen

Hinzu treten zahlreiche Maßnahmen, die eine objektiv berufsregelnde
Tendenz haben. Das gilt für Normen, die zwar nicht nur Berufstätige zu
Adressaten haben, die aber „nach Entstehungsgeschichte und Inhalt im
Schwerpunkt Tätigkeiten treffen, die typischerweise beruflich ausgeübt
werden"[106]. Auch sie sind verfassungsrechtlich relevante Eingriffe in den
Schutzbereich des Art. 12 GG, während alle anderen mittelbaren, eher
beiläufigen oder geringgewichtigen Maßnahmen nicht an der Berufsfreiheit zu messen sind. Oft geht es um Rahmenbedingungen der Berufsausübung, z.B. solche des Datenschutzes oder des Haftungsrechts. Auch
die Nichtaufnahme einer Klinik in einen Krankenhausbedarfsplan mit
negativen Auswirkungen auf Subventionierbarkeit hat das Bundesverfassungsgericht diesem Eingriffstypus zugeordnet[107]. Über Einzelheiten der
Grenzziehung mag man streiten. Eine zu enge Fassung und damit eine
Verkürzung der Schutzwirkungen des Art. 12 GG ist nicht angezeigt[108].

---

[104] Dazu *Deutsch*, Medizinrecht (Fn. 96), Rn. 29 f.; *Tettinger*, in: Sachs
(Fn. 17), Art. 12 Rn. 54 b ff.; zur Rechtsprechung *A. Spickhoff*, Medizin und
Recht zu Beginn des neuen Jahrhunderts, NJW 2001, 1757 (1758 f.).
[105] Ähnlich kritisch *Hufen*, Berufsfreiheit (Fn. 95), 2913 (2918). Ein Beispiel
dafür ist die jüngste Bestimmung der Verhältnismäßigkeitsprüfung in: BVerfG
NJW 2001, 1779 f.
[106] BVerfGE 97, 228 (254).
[107] BVerfGE 82, 209 (223); weitere Beispiele bei *Jarass/Pieroth* (Fn. 15), Art.
12 Rn. 13 ff.
[108] *Breuer* (Fn. 102), Rn. 32; *G. Manssen*, in: v. Mangoldt/Klein/Starck
(Fn. 18), Art. 12 Rn. 71.

In diesem Sinne sind neue Gefährdungen der ärztlichen Berufsfreiheit in einem Phänomen auszumachen, das man als *Inpflichtnahme für verkappte Verteilungsentscheidungen* bezeichnen kann – ein prozedurales Phänomen also, bei dem die gesetzlichen Entscheidungsverfahren so konstruiert sind, daß letztlich der Arzt damit belastet wird, explizit-politisch nicht getroffene Allokationsentscheidungen implizit im Gewande medizinischer Entscheidungen zu verantworten[109]. Die meisten Fälle dieser Art finden sich auch hier im Bereich der GKV; doch sind auch andere Verteilungsentscheidungen, z.B. solche des Transplantationswesens, nicht ausgenommen.

– Im *Sozialrecht* ist dieses eine Folge der starken Ökonomisierung dieses Rechtsgebietes[110]. Nun kann es zwar keinem Zweifel unterliegen, daß Gesichtspunkte der Wirtschaftlichkeit bis zu einem gewissen Grade in das ärztliche Handeln inkorporiert werden können. Die Wirtschaftlichkeitsgebote des Leistungs- und des Leistungserbringungsrechts (§ 12 Abs. 1, § 70 Abs. 1 SGB V) sind daher nicht schon als solche der kritische Punkt. Sie lassen sich angesichts der „Pluralität der Methoden, der der Medizin innewohnenden Entwicklungsdynamik und der Komplexität der medizinischen Sachverhalte" ohne nachhaltige Belastung der berufsrechtlichen und berufsethischen Pflichten in den normativen Orientierungen des Arztes verarbeiten[111]. Das gilt jedenfalls, solange es nur um Rationalisierung und nicht um Rationierung geht[112]. Auch das Arzthaftungsrecht hat sich deshalb auf notwendige Ressourcenbeschränkungen bis zu einem gewissen Grade eingestellt[113]. Problematisch aber sind die Durchsetzungsinstrumente, die das SGB V seit 1993 und 1997 vorsieht[114]: Das gilt vor allem

---

[109] Zur Unterscheidung expliziter und impliziter Rationalisierung *Th. Kopetsch*, Rationierung medizinischer Leistungen: Ein Modell für die GKV, in: Sozialer Fortschritt, 2001, 20 (24 ff.).

[110] Kritisch dazu *D. Hart*, Rechtliche Grenzen der „Ökonomisierung", MedR 1996, 60 ff.

[111] Vgl. *U. Kötter*, in: J. Kruse/A. Hänlein (Schriftl.): Lehr- und Praxiskommentar SGB V, 1999, § 70 Rn. 4.

[112] Ähnlich *E. Steffen*, Einfluß verminderter Ressourcen und von Finanzierungsgrenzen aus dem Gesundheitsstrukturgesetz auf die Arzthaftung, MedR 1995, 190.

[113] Dazu *Steffen*, Arzthaftung (Fn. 112), 190 f.; *E. Deutsch*, Ressourcenbeschränkung und Haftungsmaßstab im Medizinrecht, VersR 1998, 261 ff. mit dem zutreffenden Hinweis auf die für den Arzt dadurch auftretenden Schwierigkeiten (264); restriktiver *Hart*, Ökonomisierung (Fn. 110), 60 (71) betr. die Budgetierung.

[114] Vgl. dazu die Darstellung von *H. Hesral*, Praxis- und Zusatzbudgets des EBM (Ärzte) in der gerichtlichen Praxis, NZS 2000, 596 ff.

für strikte Budgetierungen, insbesondere dort, wo sie mit Punktwerten, Abstaffelungsregelungen u.a. auf Praxisebene heruntergezont sind; denn sie lassen wenig Bewegungsspielraum, eine wirklich erforderliche aber kostenaufwendige Behandlung vorzusehen. Mindestens verlangen sie einen erheblichen Zusatzaufwand an Begründung und Darlegung, der zur psychologischen Sperre werden kann[115].

– Noch schwieriger liegen die Fälle im *Transplantationswesen*. Dabei geht es nicht um Sachverhalte, in denen der Arzt Verteilungsentscheidungen bei Eil- und Notfällen treffen muß. Es geht angesichts chronisch knapper transplantationsgeeigneter Organe vielmehr um solche Probleme, die seit langem bekannt sind und eigentlich auf eine gesellschaftlich vermittelte Lösung warten. Natürlich spielen medizinische Gesichtspunkte dabei eine wichtige Rolle. Aber es ist falsch und gefährlich täuschend, *alle* Verteilungsfragen als *allein* medizinisch determiniert auszuweisen[116]. Die Ärzteschaft wird hier, oft nicht ohne eigenes Zutun, in eine Pflicht genommen, die sie dauerhaft nicht erfüllen kann.

III. Die Rechtfertigung staatlicher Zugriffe und ihre Grenzen

Inwieweit vermag die grundgesetzliche Gewährleistung der Berufsfreiheit gegen solche Entwicklungen Schutz zu bieten? Das ist primär eine Frage an den gerichtlichen, vor allem den verfassungsgerichtlichen Umgang mit Art. 12 GG. Eine Analyse der jüngeren Entscheidungen fällt dabei ambivalent aus[117]: Während andere freie Berufe an Freiheit hinzugewonnen haben, sind die Gerichte bei den Heilberufen bereit, erhebliche Eingriffe zu akzeptieren. Im einzelnen wird allerdings zwischen einem zunehmend stärker ausgebauten prozeduralen Schutz (1) und einem eher rückläufigen materiellen Schutz (2) zu trennen sein.

---

[115] Zu Tatbeständen vorkommender Behandlungsverweigerungen vgl. *M. Schiller/G. Steinhilper*, Zum Spannungsverhältnis Vertragsarzt/Privatarzt – Darf ein Vertragsarzt Leistungen bei einem Kassenpatienten ablehnen, sie aber zugleich privatärztlich anbieten?, MedR 2001, 29 ff. mit weiteren Nachweisen.

[116] Im 2. Teil E II 2.

[117] *Hufen*, Berufsfreiheit (Fn. 95), 2913 ff.; vgl. ferner *W. Kluth*, Bundesverfassungsgericht und wirtschaftslenkende Gesetzgebung, ZHR 163 (1999), 657 (665 ff.).

1. Gesetzesvorbehalt und Schutz durch Verfahren

Schärfer herausgearbeitet wurde der Schutz der Berufsfreiheit durch Verfahren. Verfahren meint hier zu allererst das Verfahren der Gesetzgebung[118]. Eingriffe in den Schutzbereich bedürfen einer gesetzlichen Grundlage, die vom Parlament geschaffen sein muß. Dazu gehört nach Maßgabe der sog. Wesentlichkeitslehre, daß das Parlament die grundlegenden Entscheidungen selbst trifft. Was wesentlich ist, bestimmt sich nach der „Grundrechtsrelevanz" der jeweiligen Maßnahmen. Insbesondere die Lösung von Grundrechtskollisionen kann das Parlament nicht anderen Instanzen überlassen, ohne die Grundlinie vorgezeichnet zu haben[119]. Aber auch andere Gesichtspunkte, wie z.B. finanzielle Auswirkungen einer Maßnahme auf künftige Generationen, können wesentliche Entscheidungen darstellen[120]. Verlangt wird freilich nicht, daß das Gesetz alle Einzelheiten festlegt. Der Exekutive kommt hier ein nicht unerheblicher Gestaltungsspielraum zu, den sie durch Nutzung der ihr eigenen Formen der Rechtsetzung ausfüllen kann.

Zur Exekutive zählen auch die Träger der berufsständischen und der sozialen Selbstverwaltungskörperschaften, Ärztekammern, Kassenärztliche Vereinigungen und ihre Landes- und Bundesverbände[121]. Auch für sie gelten die aufgezeigten Grundlinien der Gesetzesvorbehaltslehre, wenn sie grundrechtlich bedeutsame Regelungen im Rahmen ihrer Satzungsautonomie treffen wollen. Ihre Satzungen unterfallen zwar nicht den für Rechtsverordnungen geltenden Anforderungen des Art. 80 Abs. 1 GG. „Trotzdem bleibt auch im Rahmen einer an sich zulässigen Autonomiegewährung der Grundsatz bestehen, daß der Gesetzgeber sich seiner Rechtsetzungsbefugnis nicht völlig entäußern und seinen Einfluß auf den Inhalt der von den körperschaftlichen Organen zu erlassenden Normen nicht gänzlich preisgeben darf"[122]. Gesetz und Gesetzgebungsverfahren erfüllen hier die Aufgabe, Hüter des Gemeinwohls gegenüber Gruppeninteressen zu sein, die sich in den Organen funktionaler Selbstverwal-

---

[118] Vgl. die Nachweise bei *Tettinger*, in: Sachs (Fn. 17), Art. 12 Rn. 83 ff.

[119] Dazu *P. Lerche*, in: Lerche/Schmitt Glaeser/Schmidt-Aßmann (Hrsg.), Verfahren als staats- und verwaltungsrechtliche Kategorie, 1984, 97 ff.

[120] Vgl. die Aufstellung bei *W. Kluth*, Funktionale Selbstverwaltung, 1997, 491 f.

[121] Dazu *Kluth*, Funktionale Selbstverwaltung (Fn. 120), 82 ff. (Ärztekammern), 200 ff. (Kassenärztliche Vereinigung), 484 ff. (Bundesärztekammer).

[122] BVerfGE 33, 125 (158); std. Rspr.

tungsträger festsetzen können. Die eigenständige Legitimation der Körperschaften funktionaler Selbstverwaltung durch ihre Mitglieder wird zwar zutreffend anerkannt, der Bewegungsspielraum der eigenen Gestaltung bleibt aber wegen der gruppenspezifischen Ausrichtung dieser Körperschaften eher enger als bei der universal zuständigen kommunalen Selbstverwaltung. Diese Distanz gegenüber verbandspolitischen Entscheidungen hat das Bundesverfassungsgericht bereits in der Kassenarzt-Entscheidung von 1972 deutlich werden lassen. Sie bestimmt seither Rechtsprechung[123] und Literatur[124] und ist im Auge zu behalten, wenn später die krankenversicherungsrechtliche Normsetzung begutachtet werden soll (vgl. dazu 2. Teil unter D).

2. Zu geringer substantieller Schutz durch feste Regelungsgrenzen

Für den materiellen Schutz läßt sich das dagegen nicht feststellen. Die in eine „Stufen-Lehre" eingespannte Verhältnismäßigkeitsprüfung gegenüber staatlichen Eingriffen in die Berufsfreiheit hat die gesetzten Erwartungen nicht erfüllt. Einiges spricht sogar dafür, daß die in dieser Lehre angelegte Relativierung der im Verfassungstext vorgesehenen Trennung zwischen Berufswahl- und Berufsausübungsregelung zu dieser ernüchternden Bilanz beigetragen hat[125]. Vor allem die exakte Festlegung der eingriffslegitimierenden Gemeinwohlziele und die Bewertung der Erforderlichkeit staatlicher Eingriffsmaßnahmen haben sich als offene Flanke der Berufs-

---

[123] Vgl. BVerfGE 76, 171 (185): „Zum Nachteil der Berufsanfänger und Außenseiter kann sie ein Übergewicht von Verbandsinteressen oder ein verengtes Standesdenken begünstigen, das notwendigen Veränderungen und Auflockerungen festgefügter Berufsbilder hinderlich ist". Dazu in Einzelpunkten kritisch *Kluth*, Funktionale Selbstverwaltung (Fn. 120), 499 ff.

[124] Vgl. z.B. zur Frage, inwieweit das Kammerrecht den Betrieb von Gemeinschaftspraxen in der Form von Kapitalgesellschaften verbieten kann, *J. Taupitz*, Zur Zulässigkeit von Freiberufler-GmbHs – Heilkunde-GmbH: ja, Rechtsberatungs-GmbH: nein?, JZ 1994, 1100 ff.; *F. E. Schnapp/M. Kaltenborn*, Die gemeinschaftsrechtliche Berufsausübung niedergelassener Ärzte aus berufsrechtlicher, vertragsarztrechtlicher und verfassungsrechtlicher Perspektive, SGb 2001, 101 (104 f.).

[125] Dazu überzeugend *Hufen*, Berufsfreiheit (Fn. 95), 2913 (2917 f.): „Der Archimedische Punkt der Begründung aber bleibt weiterhin das Ziel der Maßnahme und damit der Bezug zu Gemeinwohl und Gemeinschaftsgut, ohne den natürlich auch die Verhältnismäßigkeitsprüfung nicht auskommt".

freiheit erwiesen. Das gilt im besonderen Maße für das Krankenversicherungsrecht, das sich anschickt, das ärztliche Berufsrecht zu überwuchern.
Einmal anerkannt ist die „Finanzierbarkeit der gesetzlichen Krankenversicherung" im Begriff, sich zu einem Argumentationstopos mit unbegrenzter Rechtfertigungskraft zu entwickeln[126]. Wie alle Systemschutz- und
Funktionsargumente ist die Frage nach Systemalternativen schnell ausge-
blendet. Die meisten Einschnürungen der ärztlichen Berufsfreiheit haben
auf diese Weise die verfassungsgerichtliche Billigung erfahren[127]. Oft sind
sie nicht einmal Gegenstand von Senatsentscheidungen geworden, sondern fanden das einstimmige Plazet der zuständigen Kammer des 1. Senats.

„Berufsfreiheit – Erinnerung an ein Grundrecht" betitelte *Friedhelm
Hufen* 1994 seine kritische Bestandsaufnahme. Seine Ausführungen zeigen zutreffend, wie mit der Verkürzung der individuellen Berufsfreiheit
die Innovationsfähigkeit der Gesundheitsversorgung insgesamt auf der
Strecke bleibt[128]. Eine tiefergreifende Besinnung – auch der verfassungsgerichtlichen Judikatur – scheint in diesem Punkte angezeigt. Eine stärker wettbewerbsbezogene Ausrichtung des Gesundheitswesens wird nicht
zuletzt durch den Europäischen Gerichtshof in Luxemburg angemahnt.
Es sollte nicht dazu kommen, daß erst die Grundfreiheiten des EG-Ver-
trages eine Rückgewinnung der freiheitlichen Konzeption der Heilberufe
erzwingen.

---

[126] BVerfG (3. Kammer des 1. Senats), NJW 1993, 1520; krit. dazu *W.
Rüfner*, Das Gesetz zur Sicherung und Strukturverbesserung der gesetzlichen
Krankenversicherung (Gesundheitsstrukturgesetz), NJW 1993, 753 ff.
[127] BVerfGE 68, 193 (218 f.): (befristete) Vergütungskürzungen; BVerfG
NJW 2001, 1779 ff.: Altersbegrenzung für Zugang zur vertragsärztlichen Tätig-
keit; ferner BVerfGE 68, 193 (218 f.).
[128] (Fn. 95); ähnlich *R. Maaß*, Die Entwicklung des Vertragsarztrechts in den
Jahren 1999 und 2000, NJW 2000, 3395 (3403).

C. Der grundrechtliche Schutz
der medizinischen Forschung: „Kreativität"

Moderne Gesundheitsversorgung kann nicht ohne medizinische For-
schung vorgestellt werden[129]. Behandlung und Forschung können Hand
in Hand gehen, wie das z.B. für die Universitätskliniken zu gelten hat[130].
Sie können aber auch getrennt sein. Hier kommen weitere Akteure ins
Spiel: die Einrichtungen der außeruniversitären Grundlagenforschung, die
Industrieforschung und die Organisationen der Forschungsförderung[131].
Sie bilden ein recht heterogenes Interessenfeld, das durch Leistungsansprüche und Abwehrrechte der Patienten weiter ausdifferenziert wird. In
seinem Zentrum steht der Schutz der Forschungsfreiheit (I). Doch sind
auch Gegenpositionen, z.B. solche des Embryonen-, des Daten- oder des
Tierschutzes erkennbar; auch hier werden rechtlich vielfach *Verteilungsentscheidungen* getroffen (II). Zutreffend und nüchtern heißt es dazu in
der revidierten Deklaration des Weltärztebundes von Helsinki vom Ok-
tober 2000 unter klarer Formulierung von Forschungsgrenzen[132]: „Medizinischer Fortschritt beruht auf Forschung, die sich letztlich zum Teil auch
auf Versuche am Menschen stützen muß".

I. Die Garantie freier Forschung (Art. 5 Abs. 3 GG)

Die medizinische Forschung wird vor allem durch die Garantie der
Wissenschaftsfreiheit geschützt.

1. Der Lebensbereich der Wissenschaft
und der Normbereich der Garantie

Wissenschaft i.S. dieser Garantie erfaßt alle auf wissenschaftstypischer „Ei-
gengesetzlichkeit beruhenden Prozesse, Verhaltensweisen und Entschei-

---

[129] Vgl. die Verbindung beider in § 2 Abs. 2 S. 3 SGB V: Qualität und Wirksamkeit der Leistungen haben dem allgemein anerkannten Stand medizinischer
Erkenntnis zu entsprechen und den medizinischen Fortschritt zu berücksichtigen.
[130] Zum Verhältnis beider Aufgaben vgl. BVerfGE 57, 70 (94 ff.).
[131] Darstellung bei *E.-J. Meusel*, Außeruniversitäre Forschung im Wissen-
schaftsrecht, 2. Aufl. 1999, 9 ff.
[132] „Ethische Grundsätze für die medizinische Forschung am Menschen",
abgedruckt in: NJW 2001, 1774 ff. Tz. 4.

dungen bei der Suche nach Erkenntnis, ihrer Deutung und Weitergabe, die Fragestellung, die Grundsätze der Methodik sowie die Bewertung der Forschungsergebnisse und ihre Verbreitung"[133]. Im Bemühen, seinen verfassungsrechtlichen Schutz dem Lebensbereich der Wissenschaft möglichst umfassend zukommen zu lassen, ist der Normenbereich weit gespannt. Die Hochschulforschung wird ebenso erfaßt wie die außeruniversitäre Grundlagen- und anwendungsbezogene Forschung. Auch die Industrie- und die Ressortforschung gehören dazu – freilich mit verringerter Schutzintensität, je weiter sie in die konkreten Verwendungszusammenhänge ihrer Träger eingebunden sind. Eine Differenzierung nach sozialer Relevanz oder Nützlichkeit findet nicht statt. Auch konfliktträchtige Forschungen sind Wissenschaft. Art. 5 Abs. 3 GG schützt weder nur geistige Vorgänge, noch ist er auf einen inneren „Werkbereich" der Wissenschaft begrenzt. Auch Experimente gehören dazu, selbst wenn dabei Rechte Dritter oder Interessen der Allgemeinheit beeinträchtigt werden können[134].

Es gibt jedoch in zweierlei Hinsicht äußerste Grenzen: Ausgeklammert ist ein menschenverachtendes Experimentieren. Und ebensowenig erfaßt sind Handlungen, denen der Charakter der Wissenschaftlichkeit deshalb abzusprechen ist, weil sie nach Form und Inhalt schlechthin keinen ernsthaften Versuch zur Ermittlung von Wahrheit darstellen, sondern vorgefaßten Meinungen nur den Anschein wissenschaftlicher Nachweisbarkeit verleihen wollen. In beiden Fällen entfällt schon tatbestandsmäßig jeder Schutz der Wissenschaftsfreiheit, ohne daß es auf Fragen der Abwägung ankäme. Man kann diese beiden Grenzen als Situationen interpretieren, in denen der verfassungsrechtliche Wissenschaftsbegriff hinter einem wissenschaftseigenen weiteren Begriffsverständnis zurückbleibt, Normbereich und Lebensbereich also bewußt unterschiedlich konzipiert sind. Mehr spricht jedoch dafür, daß in beiden Fällen Vorgänge bezeichnet sind, die der Wissenschaft bereits nach ihren eigenen Maßstäben begrifflich nicht zugeordnet werden können.

---

[133] BVerfGE 35, 79 (112); BVerwGE 102, 304 (307); ausführlich *Th. Dickert*, Naturwissenschaften und Forschungsfreiheit, 1991, 129 ff.

[134] Im Ergebnis ebenso *H.-H. Trute*, Die Forschung zwischen grundrechtlicher Freiheit und staatlicher Institutionalisierung, 1994, 150 ff.; *H. Wagner*, Forschungsfreiheit und Regulierungsdichte, NVwZ 1998, 1235 (1237 f.); teilweise enger *K. Waechter*, Forschungsfreiheit und Fortschrittsvertrauen, Der Staat 30 (1991), 19 ff.

2. Die Bedeutungsschichten der Wissenschaftsfreiheit

Die Freiheit, die Art. 5 Abs. 3 GG allen tatbestandsmäßig erfaßten Vorgängen und Ergebnissen zuerkennt, hat nach ganz herrschender Auffassung unterschiedliche rechtliche Gestalt[135]:

a) Abwehrrecht

Sie wirkt zum einen abwehrrechtlich als Gewährleistung eines von staatlicher Fremdbestimmung freien Bereichs persönlicher und autonomer Verantwortlichkeit bei der Gewinnung und Vermittlung wissenschaftlicher Erkenntnisse[136]. Geschützt ist jeder, der wissenschaftlich tätig ist. Unterbunden werden Eingriffe staatlicher Behörden, aber auch solche des Gesetzgebers und der Gerichte. Dabei stellen nicht nur strikte Verbote, sondern auch andere Beschränkungen Eingriffe dar, z.B. die Festlegung eines Genehmigungsvorbehalts für bestimmte Versuchsanordnungen[137]. Der abwehrrechtliche Gehalt des Grundrechts geht von der Vorstellung eines wissenschaftseigenen Freiraums aus und stellt staatliche Eingriffe, die trotz der vorbehaltlosen Formulierung des Verfassungstextes nicht schlechthin unmöglich sind, unter ein hohes Rechtfertigungsbedürfnis.

b) Objektive Wertentscheidung

Auf einer zweiten Bedeutungsebene wirkt Art. 5 Abs. 3 GG als objektive Wertentscheidung, die den Staat nach einer Formulierung des Bundesverfassungsgerichts zum Einstehen für eine freie Wissenschaft verpflichtet und ihn anhält, schützend und fördernd einer Aushöhlung der Freiheitsgarantie vorzubeugen[138]. Angesichts des heutigen Wissenschaftsbetriebs, bei dem in weiten Bereichen nur noch der Staat über die erforderlichen finanziellen Mittel verfügt, soll daraus eine staatliche Pflicht zur Pflege freier Wissenschaft folgen: Der Staat muß personelle und finanzielle Mittel zur Verfügung stellen und durch geeignete organisatorische Maßnah-

---

[135] Systematisch dazu *Trute*, Forschung (Fn. 134), 246 ff.; *I. Pernice*, in: Dreier (Fn. 8), Art. 5 Rn. 30 ff. und 46 ff.
[136] BVerfGE 35, 79 (112 f.); 90, 1 (11).
[137] Vgl. die Beispiele bei *Pernice*, in: Dreier (Fn. 8), Art. 5 Rn. 32.
[138] BVerfGE 35, 79 (114).

men dafür sorgen, daß die wissenschaftliche Betätigung soweit unange-
tastet bleibt, wie das unter Berücksichtigung der anderen Aufgaben der
Wissenschaftseinrichtungen und der Grundrechte der verschiedenen Be-
teiligten möglich ist[139]. Die der objektiv-rechtlichen Komponente zu-
grundeliegende Vorstellung rückt den staatlichen Regelungsauftrag in den
Mittelpunkt, in dessen Vollzug der Gesetzgeber eine erheblich größere
Gestaltungsbefugnis haben soll, als sie ihm in der abwehrrechtlichen
Schutzzone des Art. 5 Abs. 3 GG üblicherweise zugestanden wird.

c) Organisationsgrundrecht

Die abwehrrechtliche und die objektiv-rechtliche Bedeutungsschicht stehen nicht beziehungslos nebeneinander[140]. Sie sind eingebunden in das
übergreifende Konzept eines Organisationsgrundrechts, das die weitrei-
chende Angewiesenheit autonomen Wissenschaftshandelns auf die Vor-
leistungen staatlicher Institutionalisierung reflektieren soll. In der Habili-
tationsschrift von *Hans-Heinrich Trute* heißt es dazu[141]: „Grundrechtliche
Freiheiten sind daher, zumal im Bereich der Wissenschaft, nicht nur solche des auf sich gestellten Individuums, sondern auch kooperativ und
arbeitsteilig sich verwirklichend." „Ihre Ausübung ist gebunden an die
Innehabung von Rollen in Wissenschaftsorganisationen, die allein über
die materiellen Ressourcen der Freiheitsausübung verfügen". „Der Gesellschaft der Organisationen ist im Bereich der Wissenschaft wie anderwärts
auch nicht mit einem Freiheitsbegriff beizukommen, der sich die Organisationen unter Freiheitsaspekten von den individuellen Handlungen her
erklären möchte. Die Wirklichkeit der Freiheit ist ohne die verschiedenen
Schichten der Organisation, der Freiheit der Organisation, in der Organisation und gegenüber derselben nicht auf den Begriff zu bringen"[142].
    Teilweise wird die institutionell-organisatorische Komponente sogar als
das zentrale Garantieelement des Art. 5 Abs. 3 GG angesehen. So bedeutet für *Ralf Kleindiek* das Konzept des Organisationsgrundrechts einen
„Paradigmenwechsel" in der Behandlung der Wissenschaftsfreiheit[143]. „Es

---

[139] BVerfGE 35, 79 (115); 85, 360 (384).
[140] Vgl. die Systematik bei *C. D. Classen*, Wissenschaftsfreiheit außerhalb der
Hochschule, 1994, 132 ff.
[141] Grundlegend *Trute*, Forschung (Fn. 134), 245 (256).
[142] *Trute*, Forschung (Fn. 134), 257.
[143] *R. Kleindiek*, Wissenschaft und Freiheit in der Risikogesellschaft, 1998,
bes. 201 ff.

sind nicht mehr primär subjektive Abwehrrechte, an denen sekundär organisatorische Vorkehrungen zur Verwirklichung freier Wissenschaft gemessen werden, d.h. es besteht kein aus einer *vorstaatlichen* Freiheit resultierendes Recht des einzelnen, an dem sich staatliche Regelungen, gleichsam immer als Eingriff in diese Freiheit, rechtfertigen müssen". Die durch Art. 5 Abs. 3 GG gewährleistete Freiheit soll nach *Kleindiek* überhaupt nur dort zu verwirklichen sein, wo entsprechende freiheitsadäquate Organisationsstrukturen vorhanden sind.

Überwiegend hält die organisationsrechtliche Lehre jedoch am Vorrang der individuellen oder personellen Freiheit fest[144]. Das Bundesverfassungsgericht spricht davon, die objektiv-rechtliche Komponente solle die abwehrrechtliche Wirkung des Grundrechts nicht einschränken, sondern in ihrer Geltungsmacht verstärken[145]. Einschränkungen aber wären zu befürchten, wenn das Individualrecht durch Wissenschaftseinrichtungen vollständig mediatisiert und dem Staat zur näheren Ausgestaltung ein schwer kontrollierbarer Spielraum zuerkannt würde. Ein Blick auf die verfassungsgerichtliche Überformung der Rundfunkfreiheit veranlaßt hier zu besonderer Vorsicht. Als Kommunikationszusammenhang hat Wissenschaft zwar eine gleichsam natürliche korporative Ausrichtung. Entscheidend für alles wissenschaftliche Arbeiten aber bleibt die Kreativität des einzelnen Forschers. Ihr Schutz ist folglich nach wie vor der zentrale Richtpunkt für die gesamte Interpretation des Art. 5 Abs. 3 GG.

Das bedeutet zweierlei: Zum einen ist Wissenschaftsfreiheit nicht nur generell *innerhalb* entsprechender Wissenschaftseinrichtungen geschützt. Mag die Ausübung wissenschaftlicher Tätigkeiten heute auch ganz überwiegend an solche Einrichtungen rückgebunden sein, so müssen doch auch andere Ausübungsformen möglich bleiben, Formen der Individualforschung vom alten Typ des Privatgelehrtentums ebenso wie von einem sich unter Umständen ausbildenden neuen Typ, der durch die neuen Kommunikationstechniken in die Lage versetzt ist, Forschung im wesentlichen ohne feste institutionelle Vorkehrungen selbständig zu betreiben. Das organisationsrechtliche Konzept der Freiheitsgarantie muß folglich entwicklungsoffen auch für Organisationsänderungen selbst bleiben. Zum zweiten dürfen staatliche Regulierungen der Wissenschaft nicht allein als Ausgestaltungen verstanden und einem bloßen Optimierungsgebot unter-

---

[144] *Dickert*, Forschungsfreiheit (Fn. 133), 152 f.; *Classen*, Wissenschaftsfreiheit (Fn. 140), 120 f.; *E. Schmidt-Aßmann*, Wissenschaftsfreiheit als Organisationsgrundrecht, in: Festschrift für Thieme, 1993, 697 (703 ff.).
[145] BVerfGE 35, 79 (115).

stellt werden. Neben Zonen, in denen eine solche reduzierte Form rechtlichen Schutzes anerkannt werden kann, bleiben andere Bereiche staatlicher Beeinträchtigungen, die juristisch als Eingriffe im klassischen Sinne definiert und besonderen Rechtfertigungserfordernissen unterstellt werden müssen.

II. Gegenpositionen und Abwägung

Die „Baupläne" der abwehrrechtlichen und der schutzrechtlichen Grundrechtsdogmatik sind bei Art. 5 Abs. 3 GG allerdings weniger unterschiedlich ausgestaltet, als das im Rahmen der allgemeinen Grundrechtslehren gilt[146].

1. Komplexe Interessenlagen und Gebot schonenden Ausgleichs

Das Grundproblem beider besteht darin, staatliche Steuerung in dem besonders sensiblen Schutzbereich der Wissenschaftsfreiheit an besondere Argumentations- und Sorgfaltsstandards des juristischen Diskurses zu binden. Das einfache Schrankenmuster einer auf beliebige öffentliche Interessen bezogenen Verhältnismäßigkeitskontrolle genügt hier nicht. Das wird im Verfassungstext durch die vorbehaltlose Fassung des Art. 5 Abs. 3 GG klar herausgestellt. Den Textbefund aufnehmend verlangen Rechtsprechung und Schrifttum, daß Einschränkungen der Wissenschaftsfreiheit „nur aus der Verfassung selbst abgeleitet werden" dürfen[147].

Dieses ist die Grundlinie, die *alle* staatlichen Regulierungsbestrebungen beachten müssen, mögen sie i.S. der traditionellen Dogmatik nun eher als Eingriffs- oder als Ausgestaltungsregelungen zu klassifizieren sein. Als Gegenpositionen, die Verkürzungen der Wissenschaftsfreiheit rechtfertigen können, kommen vor allem die Grundrechte Dritter und die Staatszielbestimmungen in Betracht[148]: der Patientenschutz des Art. 2

---

[146] Zu diesen Unterschieden allgemein *Isensee* (Fn. 32), Rn. 37 ff. und Rn. 88 ff. Zur abwehrenden und zur begründenden Wirkung von subjektiven Rechten bei Technikoptionen vgl. *van den Daele* (Fn. 3), 257 ff.

[147] Vgl. BVerwGE 102, 304 (308).

[148] Ausführlich *Dickert*, Forschungsfreiheit (Fn. 133), 427 ff.; *B. Losch*, Wissenschaftsfreiheit, Wissenschaftsschranken, Wissenschaftsverantwortung, 1993, 204 ff.

Abs. 2 GG in Fällen klinischer Forschung, das Persönlichkeitsrecht des Art. 2 Abs. 1 GG beim Umgang mit Probandendaten, der Erhalt der natürlichen Lebensgrundlagen bei der Freisetzung gentechnisch veränderter Organismen (Art. 20a GG), ferner die Ausbildungsfreiheit der Studenten (Art. 12 Abs. 1 GG)[149]. Die meisten dieser Positionen wirken in Kollisionsfällen ihrerseits vor allem objektiv-rechtlich, ohne daß daraus schon eine Gewichtungsregel ableitbar wäre. Auch die Eingriffsdogmatik kann eine solche nicht bieten, weil die unverkürzte Bewahrung der Freiheit des *einen* Grundrechtsträgers in der Regel nur mit einer Verkürzung der Freiheit eines *anderen* erkauft werden kann. Neben das Übermaßverbot tritt das Untermaßverbot[150]. Die Abwägungsentscheidung des Gesetzgebers muß beiden genügen und den besonderen Rang der Wissenschaftsfreiheit – auch durch die Suche nach Wegen eines schonenden Ausgleichs – respektieren.

2. Gesetzlich verhängte Forschungsverbote und Moratorien

Gesetzlich verhängte Forschungsverbote, wie sie heute in der politischen Diskussion u.U. recht leichtfertig verlangt werden, lassen sich danach nur selten verfassungsrechtlich legitimieren. Sie müssen Fällen vorbehalten bleiben, in denen unverzichtbare Schutzgüter des Grundgesetzes auf dem Spiel stehen. Das Embryonenschutzgesetz hat eine solche Grenze seinerzeit in verfassungsrechtlich zulässiger Weise gezogen[151]. Das heißt aber nicht, daß der Bestand gerade dieses Gesetzes dauerhaft unantastbar wäre. Nichts spricht dafür, daß alle seine Tatbestände eben jene unaufgebbare Grenze ausdrückten, die von der Verfassung gefordert wird. Der Gesetzgeber von 1990 hat kein Verfassungsgesetz geschaffen. Folglich sind Gesetzesänderungen erlaubt und u.U. sogar geboten, wenn sich neue Erkenntnisse Bahn gebrochen haben. Art. 5 Abs. 3 GG sichert die Wissenschaft dagegen, daß unterschiedliche Wertauffassungen in der Gesellschaft gesetzgeberisch in Forschungsverbote umgesetzt werden. Eine absolute Grenze bleibt freilich die Unverletzlichkeit der Menschenwürde.

---

[149] Speziell für den Tierschutz, der über keine dogmatisch verfestigte Verfassungsposition verfügt (vgl. BVerwGE 105, 73 ff., 81), unter Bezugnahme auf das „Sittengesetz" des Art. 2 Abs. 1 GG i.V. mit einem „ethisch begründeten" Tierschutz (BVerfG (K), NVwZ 1994, 894).

[150] Vgl. BVerfGE 88, 203 (254 f.); *Isensee* (Fn. 32), Rn. 90 f.

[151] Dazu ausführlich *E. Iliadou*, Forschungsfreiheit und Embryonenschutz, 1999.

Sie kann durch Abwägung nicht überwunden werden. Art. 1 Abs. 1 GG ist jedoch keine Vorschrift, die vielfältige und unterschiedliche Ethik-Entwürfe in unabänderbares Verfassungsrecht transformiert. Er bleibt in seinem ganzen Ernst und seiner Strenge auf Fälle konzentriert, in denen der Mensch einer Behandlung ausgesetzt wird, „die seine Subjektqualität prinzipiell in Frage stellt"[152]. Dabei müssen zwei Teilaspekte getrennt gehalten werden: zum einen die noch mit relativer Sicherheit identifizierbaren individuellen Vorgänge staatlicher Verletzungen und zum anderen die Fälle, in denen gesellschaftliche Handlungspraxen die Menschenwürde als kollektives Gut, das Menschsein in seiner überlieferten und so heute gedachten Form, verändern und im Horizont des Überkommenen gefährden. Vieles von dem, was heute die biomedizinischen Auseinandersetzungen bewegt, ist letzlich der zweiten Fallgruppe zuzuordnen, in der es um einen gegensteuernden staatlichen Schutz geht, der freilich selbst in dieser Grundfrage der conditio humana nicht auf einen status quo hinauslaufen kann. So läßt sich jedenfalls eine Pflicht des Staates, die Forschung an sog. überzähligen Embryonen zu verbieten, nicht aus Art. 1 GG ableiten.

Erst recht legitimiert die Furcht, bestimmte Erkenntnisse der Forschung könnten von einer späteren Praxis mißbraucht werden, ein schon die Forschung erfassendes Verbot noch nicht. Hier muß im Sinne eines schonenden Ausgleichs nach geeigneten Kontrollverfahren gesucht werden, die dem Mißbrauch wirksam vorbeugen, ohne schon die Gewinnung wissenschaftlicher Erkenntnisse zu unterbinden. Wo es eher um Risiken einer zur Zeit noch nicht vorhersehbaren Entwicklung geht, lassen sich Forschungsgrenzen daher allenfalls als zeitlich befristete *Moratorien* rechtfertigen. Auch für sie bedarf es wichtiger, verfassungsrechtlich abgesicherter Positionen, die ohne einen solchen Eingriff bereits durch die Forschung und nicht erst durch eine spätere Verwertung und technische Umsetzung gefährdet werden. Moratorien sind keine Mittel für politische Ausweichmanöver. Eine strenge Prüfung der Erforderlichkeit hat zudem zu gewährleisten, daß Wege offen gehalten werden, die zur weiteren Aufhellung der angenommenen Risiken führen. Schließlich verlangen Moratorien, daß Mechanismen für ein automatisches Auslaufen oder mindestens eine periodische Überprüfung ihrer fortbestehenden Berechtigung vorgesehen werden.

---

[152] So die Formel BVerfGE 96, 375 (399).

Bei dem allen ist schließlich zu bedenken, daß sich der medizinische Fortschritt nicht nur auf die Wissenschaftsfreiheit stützen kann, sondern auch dem Art. 2 Abs. 2 GG inhärent ist (vgl. oben A II). Es gibt zwar keinen eigenen Rechtsanspruch Kranker auf eine bestimmte medizinische Forschung und Entwicklung. Aber es fällt auf, wie sehr die deutschen gesundheitsrechtlichen Diskussionen in überkommenen Bahnen verharren: Zu Art. 2 Abs. 2 GG können sie sich nur die lineare Fortschreibung eines traditionell korporatistisch bestimmten Versorgungsniveaus vorstellen; zu Art. 5 Abs. 3 GG fallen ihnen primär Begrenzungen des medizinischen Fortschritts ein. Es fehlt die Fähigkeit, die Verbesserung des Leistungsniveaus der Krankenversorgung und den medizinischen Fortschritt rechtlich in ein *positives* Verhältnis zu setzen. Art. 2 Abs. 2 GG ist keineswegs nur Grenze, sondern u.U. auch Stütze freier medizinischer Forschung. Er kann bei Abwägungsentscheidungen durchaus auch forschungs*fördernd* wirken.

ZWEITER TEIL
Demokratie, Selbstverwaltung und Sachverständigenberatung im öffentlichen Gesundheitswesen

Gesundheitsrechtliche Entscheidungen sind in hohem Maße Verteilungsentscheidungen. Sie müssen Kollisionslagen zwischen hochrangigen Rechtsgütern zum Ausgleich bringen. Gerade hier sollten folglich Transparenz, Objektivität, eine ausgewogene Interessenrepräsentation und Rechtsschutzeffektivität die Praxis bestimmen. Das ist jedoch – wie schon ein erster Blick auf die einschlägigen Rechtsvorschriften zeigt – nicht durchgängig der Fall: Die das Gesundheitswesen prägenden Entscheidungsorgane sind oft wenig bekannt, die Verfahren kompliziert und die Rechtsfolgen unübersichtlich. Manches wirkt eher historisch zufällig als rational gestaltet, eher in immer wieder neuen Gesetzesänderungen zusammengeschrieben als mit dem Ziel der Entscheidungsklarheit entworfen.

Alles wäre trotzdem juristisch einfach zu ordnen, ließen sich eben jene Maßstäbe und Rechtsregeln, die für die klassische staatliche Vollzugsverwaltung entwickelt worden sind, ohne Umstände auf das Entscheidungsgefüge des Gesundheitswesens übertragen. Aber so einfach liegen die Dinge nicht: Das deutsche Gesundheitswesen ist nicht von einem staatlichen Gesundheitsdienst beherrscht, den man (mit gewissen Abstrichen) der Exekutive zuschlagen könnte. Vielmehr befinden sich Privatinitiative und administrative Steuerung, freiheitliche Leistungserbringung und staatliche Verantwortung, Selbstregulierung und Selbstverwaltung in einer *Gemengelage*, die das Auffinden einheitlicher verfassungsrechtlicher Maßstäbe erheblich erschwert. Lösungen können nur in „Annäherungen" gefunden werden, die von der anerkannten allgemeinen grundgesetzlichen Dogmatik ausgehen, den nicht hintergehbaren Eigenheiten des Sozialbereichs „Gesundheitswesen" jedoch eine wichtige Korrekturfunktion zuweisen. Den Ausgangspunkt der weiteren Untersuchungen bilden Überlegungen zur Rolle des parlamentarischen Gesetzes im öffentlichen Gesundheitswesen (A). Näher zu prüfen sind weiterhin die Anforderungen der demokratischen Legitimation und des rechtsstaatlichen Verfahrensrechtschutzes (B). Die Konsequenzen sollen sodann für drei *Organisationsmodelle,* für die funktionale Selbstverwaltung, für pluralistische Sachverständigengremien und für Instanzen der Selbstregulierung dargelegt werden (C). Schließlich ist am Beispiel zweier für das Gesundheitswesen wichtiger Gremien zu prüfen, inwieweit das Gesundheitsrecht sich an den allgemeinen Lehren hinreichend ausgerichtet hat (D und E).

A. Die Rolle des parlamentarischen Gesetzgebers

Für den demokratischen Rechtsstaat ist das parlamentarische Gesetz das wichtigste Gestaltungsmittel. Die Anliegen der Rechtsklarheit und Vorhersehbarkeit sollen sich im Gesetz mit den Ansprüchen demokratischer Entscheidungsfindung verbinden. Zivilrecht, Strafrecht und Verwaltungsrecht sind vorrangig durch die einschlägigen Gesetze geprägt: Das Gesetz schützt die Rechtsgüter des Einzelnen und der Gemeinschaft, indem es ihre Verletzung mit hinreichend bestimmten strafrechtlichen Sanktionen belegt. Das Gesetz ist Auftrag und Grenze öffentlicher Verwaltung. Gesetze sollen die Konkurrenz und die Kollision privater Interessen lösen und der freiheitlichen Entfaltung den erforderlichen Rahmen setzen. Auch für die Ordnung der das Gesundheitswesen prägenden Interessen und Rechte ist das parlamentarische Gesetz unverzichtbar.

I. Die Wesentlichkeitslehre als Richtschnur

Dogmatisch ist die herausragende Rolle des Gesetzes durch die Wesentlichkeitslehre des Bundesverfassungsgerichts abgesichert. Die unterschiedlichen Ansätze der Lehren vom Gesetzesvorbehalt finden in dieser Doktrin ihren zusammenführenden Bezugspunkt[153]: Das Rechtsstaatsprinzip und das Demokratieprinzip verpflichten den Gesetzgeber, die wesentlichen Entscheidungen selbst zu treffen und sie nicht anderen Instanzen zu überlassen – diese Instanzen mögen staatliche Behörden, Selbstverwaltungsgremien oder private Verbandsmächte sein. Diese Aussage ist unbeschadet aller Kritik zu Einzelpunkten heute im wesentlichen akzeptiert. Der Verdeutlichung bedarf diese Grundlinie an zwei Stellen:
– Zum einen bereitet es Schwierigkeiten zu bestimmen, was „wesentlich" ist. Die Tatsache, daß eine Frage politisch umstritten ist, kann für sich genommen dieses Kriterium noch nicht ausmachen[154]. Die verfassungsrechtlichen Wertungskriterien, die eine Angelegenheit als „wesentlich" einzustufen gestatten, sind „den tragenden Prinzipien des Grundgesetzes, insbesondere den darin verbürgten Grundrechten" zu entnehmen[155]. Von den Grundrechten her auf jeden Fall dem Gesetzesvorbehalt

---

[153] BVerfGE 34, 165 (192 f.); 47, 46 (78 f.); std. Rspr. vgl. BVerfGE 98, 218 (251).
[154] BVerfGE 49, 89 (126); 98, 218 (251).
[155] BVerfGE 40, 237 (248 ff.); std. Rspr. vgl. BVerfGE 95, 267 (307 f.).

unterliegen alle imperativen Eingriffe, z.B. die Auferlegung von Beitrags-
pflichten oder die Anordnung eines Zulassungs- oder Kontrollvorbehalts
für bestimmte berufliche Tätigkeiten. Das gilt auch für Eingriffe, die
Selbstverwaltungsträger gegenüber ihren Mitgliedern vornehmen[156].
Ebenso erfaßt sind, wie das Bundesverwaltungsgericht in seiner
Transparenzlisten-Entscheidung gezeigt hat, mittelbare Grundrechtsein-
griffe jedenfalls dann, wenn sie mit einem festen Steuerungsziel erfolgen[157]. Aus dem Gedanken des institutionellen Gesetzesvorbehalts anerkannt ist ferner, daß grundlegende Änderungen der staatlichen Organisation, z.B. durch Privatisierungsentscheidungen, sowie die Schaffung und
der Umbau von Leistungssystemen im parlamentarischen Gesetz ihre
Grundlage finden müssen. Speziell für das Sozialrecht verschärft § 31 des
SGB I dieses Gebot dahingehend, daß nicht nur Pflichten, sondern auch
Rechte gegenüber der Sozialverwaltung nur begründet werden dürfen,
wenn ein Gesetz dieses vorschreibt oder zuläßt.

– Unterstrichen werden muß zum zweiten, daß die Wesentlichkeitslehre nicht das Ziel verfolgt, „einen Gewaltenmonismus in Form eines
umfassenden Parlamentsvorbehalts" zu rechtfertigen[158]. Das Grundgesetz
verfolgt mit dem Grundsatz der Gewaltenteilung eine Unterscheidung
und Trennung der Gewalten, die eigenständige Funktionsträger gerade
voraussetzen und folglich nicht in ein Entscheidungsmonopol des Parlaments ausmünden dürfen. Gewaltenteilung zielt zudem darauf, daß staatliche Entscheidungen möglichst richtig, das heißt von den Organen getroffen werden, die dafür nach ihrer Organisation, Zusammensetzung,
Funktion und Verfahrensweise über die besten Voraussetzungen verfügen[159]. Das muß nicht notwendig stets und in jeder Hinsicht das Parlament sein – oder präziser formuliert: Unter Umständen werden innerhalb
eines Regelungsbereichs vom Parlament nur bestimmte Punkte festgelegt
werden müssen, während die Konkretisierung anderen Verfahren überlassen werden kann, die allerdings dafür eine besondere Eignung und Qualität aufweisen müssen. Wann und in welchem Umfang es einer Regelung
durch parlamentarisches Gesetz bedarf, „läßt sich nur im Blick auf den
jeweiligen Sachbereich und auf die Eigenart des betroffenen Regelungs-
gegenstandes beurteilen"[160].

---

[156] VGH BW NJW 2001, 1810 f.

[157] BVerwGE 71, 183 (191); ferner BVerwGE 90, 112 (121 ff.).

[158] BVerfGE 68, 1 (86 f.); 98, 218 (252).

[159] BVerfGE 68, 1, (86 f.); E. Schmidt-Aßmann, Das allgemeine Verwaltungsrecht als Ordnungsidee, 1998, 157 ff.

[160] BVerfGE 98, 218 (251).

II. Gesetzliche Steuerungsaufgaben im Gesundheitswesen

Daß der parlamentarische Gesetzgeber aufgerufen ist, auch für das Gesundheitswesen und gerade hier die grundlegenden Entscheidungen rahmengebender Ordnung zu treffen, sollte nach der Wesentlichkeitslehre eigentlich außer Zweifel stehen. Die Gesetzgebungspraxis hat sich dieser Thematik immer wieder angenommen. Medizinrecht, Krankenversicherungsrecht, Arzneimittelrecht und Recht der Heilberufe sind in jeder Legislaturperiode Gegenstand gesetzgeberischen Handelns. Was die Quantität angeht, wird man dem Parlament eher überzogenen Aktivismus als zu große Zurückhaltung bescheinigen können. Angesichts dieses Befundes muß vielmehr spezieller gefragt werden, ob der Gesetzgeber gerade für die wichtigen Prioritätssetzungen und kontroversen Verteilungsentscheidungen des Gesundheitsrechts die grundlegenden Vorgaben selbst getroffen hat, und ob nicht gerade hier bei den Gesundheitszielen und bei den Verteilungskriterien gesetzgeberisch nachgebessert werden muß. Dabei sind zwei Regelungstechniken auseinanderzuhalten, die gesetzeseigene Fixierung materieller Zielinhalte (1) und die mittelbar wirkende gesetzliche Strukturierung zielkonkretisierender Verfahren und Organisationen (2).

1. Die Fixierung materieller Ziele und Verteilungskriterien durch Gesetz

Inwieweit sollte der parlamentarische Gesetzgeber selbst Gesundheitsziele, Qualitätsstandards und Leistungsgrenzen formulieren? Sollte er z.B. für die Vergabe knapper Organe in der Transplantationsmedizin feste Altersgrenzen festlegen? Sollte er für die Krankenversorgung in der GKV die erforderlichen Leistungskataloge selbst normieren? In der Argumentationslinie der Wesentlichkeitsdoktrin läge das. Wo sind Entscheidungen von so grundlegender Bedeutung für den einzelnen Menschen und für die staatliche Gemeinschaft zu treffen wie im Gesundheitswesen? Wenn man die Wesentlichkeitslehre im Gesundheitswesen nach denjenigen Maßstäben anwendete, die in sehr viel weniger konflikthaften Gebieten wie z.B. dem Bau- und Gewerberecht praktiziert werden, dann müßte das in zahlreichen Punkten auf ein verfassungsrechtliches Festlegungsgebot hinauslaufen.

Auf der anderen Seite liegen mehrere Einwände gegen eine solche Entwicklung nahe, und es sind keineswegs nur Mediziner oder Verbandsvertreter, die sich vom Gesetzgeber solchermaßen nicht in ihr Tagewerk hineinreden lassen wollen, sondern auch Juristen, die einer „Vergesetzlichung" widerraten. Die Diskussionen sind aus dem Recht der technischen

Sicherheit bekannt[161]. Auch hier war im Gefolge der Wesentlichkeitslehre von manchen Autoren verlangt worden, daß z.B. für das Atomrecht die wesentlichen Sicherheitsstandards und Grenzwerte durch Gesetz festgelegt werden sollten. Die Gegenseite bezweifelte schon die Kompetenz des Parlaments zur Regelung so komplizierter naturwissenschaftlicher Fragen. Bezweifelt wurde außerdem, ob die parlamentarische Gesetzgebung flexibel genug sei, den schnellen Wandel der wissenschaftlichen Erkenntnisse und die Fortschritte der einschlägigen Techniken zu verarbeiten. Auf diesen Gesichtspunkt eines „dynamischen Grundrechtsschutzes" hatte das Bundesverfassungsgericht schon 1978 in seiner Kalkar-Entscheidung hingewiesen: „Die gesetzliche Fixierung eines bestimmten Sicherheitsstandards durch die Aufstellung starrer Regeln würde demgegenüber, wenn sie sich überhaupt bewerkstelligen ließe, die technische Weiterentwicklung wie die ihr jeweils angemessene Sicherung der Grundrechte eher hemmen als fördern. Sie wäre ein Rückschritt auf Kosten der Sicherheit"[162].

Es sprechen einige gute Gründe dafür, diesen für das Technikrecht formulierten Einwänden gegen eine Vergesetzlichung materieller Standards auch für das Gesundheitswesen Bedeutung beizumessen. Wahrscheinlich ließe sich hier sogar mit noch mehr Überzeugungskraft als dort auf das hohe Maß an persönlicher Betroffenheit und Emotionalität hinweisen, das durch gesundheitspolitische Entscheidungen ausgelöst wird und das es – so ließe sich fortsetzen – nicht opportun erscheinen läßt, solche Entscheidungen vor das Forum einer kritisch-aufgeregten Öffentlichkeit zu ziehen. Gerade das Gesundheitswesen ist es, das diese bohrende Frage nach dem möglichen Maß an Transparenz und Öffentlichkeit ausdrücklich thematisiert, indem den *expliziten* Verteilungsentscheidungen die *impliziten* gegenübergestellt werden, die hinter einem „Grauschleier" von medizinischen Sachnotwendigkeiten getroffen und von den Beteiligten als naturwissenschaftlich-technisch unvermeidbar akzeptiert werden. Muß das Explizitmachen solcher Entscheidungen, wie es mit einer Vergesetzlichung notwendig verbunden wäre, die gesellschaftlichen Konflikte nicht auf ein ebenso unnötiges wie unerträgliches Maß steigern?

Auf der anderen Seite bietet die gesundheitsrechtliche Gesetzgebung der letzten Jahre Beispiele dafür, wie gesellschaftlich sehr kontroverse Fragen durch materielle parlamentarische Entscheidung beantwortet worden

---

[161] Vgl. *M. Kloepfer/E. Rehbinder/E. Schmidt-Aßmann/Ph. Kunig*, Entwurf eines Umweltgesetzbuches, Teil 1, 1991, 462 f.; *Unabhängige Sachverständigenkommission zum Umweltgesetzbuch*, Entwurf eines Umweltgesetzbuches, 1997, 467 mit weiteren Nachweisen.

[162] BVerfGE 49, 89 (137).

sind. Das belegt das Transplantationsgesetz (TPG) von 1997. Es hat die
sehr streitige Frage des Todeszeitpunkts für Organentnahmen mit dem
Hirntodkriterium substantiell beantwortet (§ 3 Abs. 2 Nr. 2). Ähnliches
gilt für die sog. erweiterte Zustimmungslösung zur Organentnahme nach
§ 4 TPG. Die Auseinandersetzungen sind in der Öffentlichkeit und in
den parlamentarischen Beratungen mit großem Engagement und beacht-
lichem Sachverstand geführt worden. Selbst wenn nicht alle ethisch fun-
dierten Einwände ausgeräumt sind, so ist mit dem Gesetz doch ein erhebliches Maß an Rechtssicherheit erreicht worden[163]. Auch das
Embryonenschutzgesetz von 1990 bietet ein Beispiel für eine substantielle gesetzgeberische Regelung in gesellschaftlich und medizinisch hoch-
kontroversen Fragen. Mögen einzelne der dort festgelegten Verbote heute
aus therapeutischen Gründen korrekturbedürftig sein[164], ist doch unbe-
stritten, daß die damalige gesetzgeberische Entscheidung kompetent und
verantwortlich getroffen worden ist und der medizinischen Praxis
zunächst Rechtssicherheit gebracht hat. Der Einwand, das Parlament sei
nicht hinreichend sachverständig oder einem zu großen Druck der Öffentlichkeit ausgesetzt, kann schon nach den eigenen Erfahrungen der
Gesetzgebung im Gesundheitswesen folglich nicht bestätigt werden. Erst
recht kann dieser Einwand verfassungsrechtlich nicht anerkannt werden.
Das Parlament besitzt genügend Möglichkeiten, sich Sachverständigen-
wissen durch Enquêtekommissionen, Gutachten und Anhörungen zu be-
schaffen. Die verfassungsgerichtliche Wesentlichkeitsdoktrin zwingt den
Gesetzgeber in die Entscheidung und schützt diejenigen, die sonst impli-
zite Entscheidungen legitimieren sollen, vor Überforderungen und u.U.
auch vor sich selbst.

2. Die gesetzliche Festlegung
von Verfahrens- und Organisationsstrukturen

Die positiven Beispiele substantieller gesundheitspolitischer Gesetzgebung
betreffen freilich Grundpositionen, die einem schnellen Wandel medizinischer Kenntnisse oder gesellschaftlicher Auffassungen nicht unterwor-

---

[163] So *E. Deutsch*, Das Transplantationsgesetz vom 5. 11. 1997, NJW 1998,
777 ff.
[164] Vgl. die Hinweise bei *Spickhoff*, Medizin und Recht (Fn. 104), 1757
(1766).

fen sind. Für andere Fragen, die sich im Zusammenhang mit der Festlegung von Gesundheitszielen, Standards und Zuteilungskriterien ergeben und für die ebenfalls an eine gesetzgeberische Fixierung gedacht werden könnte, gilt das nicht in gleichem Maße. Das läßt sich z.B. anhand der acht Schritte einer „Priorisierungsdiskussion" zeigen, die die Zentrale Ethikkommission der Bundesärztekammer im April 2000 vorgelegt hat[165] und die folgendermaßen umschrieben sind:

(1) Klärung der zugrunde gelegten ethischen, rechtlichen und politischen Prinzipien
(2) Feststellung der Aufgaben und Ziele des Versorgungsbereichs
(3) Darstellung und Bewertung der aktuellen Versorgungssituation und ihrer impliziten/expliziten Prioritäten
(4) Qualitative und quantitative Merkmale der Krankheitslast (Schweregrad, Prognose, Dringlichkeit)
(5) Zweckmäßigkeit der auf sie bezogenen Interventionen (Evidenzgrade?)
(6) Alternativen, Risiken und unerwünschte Wirkungen
(7) Direkte und indirekte Kosten, Effizienz
(8) Interessen, Erwartungen und Präferenzen aller (potentiell) Beteiligten

Von diesen Punkten sind nur die Nr. 1 und 2 solche, die eine normative Regelung von einiger Dauer verlangen und sich für eine gesetzliche Festlegung eignen. Andere drücken eher ein besonderes Erfahrungswissen der Medizin oder der Gesundheitsökonomie aus (Nr. 3 und 4). Wieder andere hängen in hohem Maße von fortlaufend neu gewonnenen Erkenntnissen ab (Nr. 5 und 6). Die verfassungsgerichtliche Wesentlichkeitsdoktrin verlangt nicht, daß alle wesentlichen Entscheidungen *umfassend* gesetzlich getroffen werden. Sie ist zudem nicht auf materielle Regelungsprogramme fixiert, sondern bezieht die Möglichkeiten der Organisationssteuerung in ihre Überlegungen ein. In der Rechtsprechung ist das vor allem für die gesetzgeberische Kollisionslösung im Bereich der Rundfunkfreiheit herausgearbeitet worden[166]: „Zu der positiven Ordnung des Rundfunkwesens, die dem Gesetzgeber durch Art. 5 Abs. 1 S. 2 GG aufgegeben ist, gehören auch geeignete organisatorische Vorkehrungen, die im Rahmen des zugrundegelegten Ordnungsmodells sicherstellen, daß der Rundfunk nicht einer oder einzelnen gesellschaftlichen Gruppen ausgeliefert wird und daß die in Betracht kommenden Kräfte im Gesamtan-

---

[165] Nachweis oben Fn. 2.
[166] Vgl. BVerfGE 12, 205 (261 ff.); 73, 118 (171); 83, 238 (332 ff.); 90, 66 (98 ff.).

gebot zu Wort kommen können"[167]. Bei der Ausgestaltung der Verfahrens- und Organisationsstrukturen hat der Gesetzgeber einen erheblichen Spielraum, der jedoch nicht erst an der Willkürgrenze des Art. 3 Abs. 1 GG endet[168], sondern an plausiblen Organisationsmustern und am Maßstab der Regelungskonsistenz ausgerichtet sein muß. Verlangt wird, daß der Gesetzgeber das von ihm gewählte Kriterium, z.B. für die zu beteiligenden Interessengruppen, „gleichmäßig anwendet und nicht ohne sachlichen Grund verläßt"[169].

Die Ausführungen lassen sich auf die Ordnung des Gesundheitswesens übertragen. Die hohe Abhängigkeit staatlicher Entscheidungen von der Expertise der medizinischen Wissenschaft legt es nahe, die einschlägigen Entscheidungsverfahren so zu organisieren, daß diese Expertise hinreichend zum Tragen kommen kann. Weiter noch: Da medizinisches Wissen sich selbst in schneller Entwicklung befindet, wären punktuelle gesetzgeberische Fixierungen nach dem, was zum „dynamischen Grundrechtsschutz" gesagt worden ist, oft sogar kontraindiziert. Eine prozedural-organisatorische Fassung der Wesentlichkeitsdoktrin ist hier folglich nicht nur nahegelegt, sondern geboten. Der parlamentarische Gesetzgeber öffnet staatlich zu verantwortende Entscheidungen so der fortlaufenden Mitgestaltung, Evaluation und Anpassung durch Experten, und er sorgt umgekehrt dafür, daß die Formulierung von Expertenwissen in den Verfahren medizinischer Selbstregulierung transparent und fair erfolgt.

Sachverständigenberatung ist freilich nur selten ein Vorgang rein naturwissenschaftlicher oder technischer Rationalität. Die Wissenschaftstheorie hat vielmehr die gesellschaftlichen Bedingtheiten wissenschaftlicher Erkenntnis und ihrer Formulierung immer wieder herausgearbeitet[170]. Auch das, was medizinisch notwendig erscheint, ist dieses jeweils nur in einem bestimmten Bezugsrahmen, der (mehr oder weniger eingestanden) durch Konventionen gesetzt ist. Das alles mindert nicht die Bedeutung von Sachverstand. Aber es veranlaßt dazu, ihn in Organisationen und Verfahren so einzubringen, daß seine eigenen Bedingtheiten bewußt gehalten werden und Alternativen formulierbar bleiben. Unter diesen Bedingungen ist die Einbeziehung nicht-staatlicher Gremien kein Fremdkörper, sondern entspricht dem fachlichen Charakter gesundheitspolitischer

---

[167] BVerfGE 57, 295 (325); 83, 238 (332 f.).
[168] BVerfGE 83, 238 (334).
[169] BVerfGE 83, 238 (337).
[170] Vgl. *K. D. Knorr-Cetina*, Die Fabrikation von Erkenntnis, 1991; *Kleindiek*, Wissenschaft und Freiheit (Fn. 143), bes. 118 ff.

Entscheidungen. Vorrangige Aufgabe des Gesetzgebers ist es, die Kompetenzen, die Zusammensetzung und das Verfahren der beteiligten Gremien zu regeln und gegebenenfalls für eine Unabhängigkeit der Mitglieder gesetzlich Sorge zu tragen[171]. Dazu stehen ihm mehrere Organisationsmodelle zur Verfügung, die den unterschiedlichen Ansätzen der Selbstverwaltung, des pluralistisch organisierten Sachverstandes oder der regulierten Selbstregulierung folgen (vgl. unter C).

B. Verfassungsrechtliche Anforderungen an die Implementationsstrukturen

I. Das Gebot demokratischer Legitimation

An diesem Punkte trifft sich die Gesetzesvorbehalts- und Wesentlichkeitslehre mit der Lehre von der demokratischen Legitimation. Legitimation fragt nach der Rechtfertigung von Herrschaft. Die Demokratie antwortet darauf mit dem Konzept, die Herrschaftsunterworfenen an der Konstituierung und Ausübung von Herrschaft mitwirken zu lassen. „Alle Staatsgewalt geht vom Volke aus". Dieses ist die Kernaussage, die das Grundgesetz in Art. 20 Abs. 2 zu diesem Thema trifft. Die Grundlage aller demokratischen Legitimation ist die Legitimation durch das Volk als ein nach allgemeinen Merkmalen bestimmtes, gebietskörperschaftlich verfaßtes Legitimationssubjekt (1). Die Mitwirkung von Betroffenen, Verbänden oder Personalräten vermittelt eine solche demokratische Legitimation nicht. Die zwischen Volk und verantwortlichen Amtswaltern rekonstruierbaren Verbindungen müssen ein insgesamt ausreichendes Legitimationsniveau sicherstellen (2).

1. Das Grundkonzept des Art. 20 Abs. 2 GG

Die demokratische Legitimation des Art. 20 Abs. 2 GG soll sicherstellen, daß die Akte der Staatsgewalt sich auf den Willen des Volkes zurückführen lassen und ihm gegenüber verantwortet werden. „Dieser Zurechnungszusammenhang zwischen Volk und staatlicher Herrschaft wird

---

[171] Vgl. BVerfGE 83, 130 (151 ff.); 90, 60 (103).

vor allem durch die Wahl des Parlaments, durch die von ihm beschlossenen Gesetze als Maßstab der vollziehenden Gewalt, durch den parlamentarischen Einfluß auf die Politik der Regierung sowie durch die grundsätzliche Weisungsgebundenheit der Verwaltung gegenüber der Regierung hergestellt"[172]. Aus dieser verfassungsgerichtlichen Präzisierung dessen, was die Herleitung der Staatsgewalt vom Volk bedeutet, haben Rechtsprechung und Rechtswissenschaft in jüngerer Zeit eine systematische Legitimationslehre entwickelt[173]. Diese Lehre hat ältere Ansätze, die unter dem Begriff des „ministerialfreien Raumes" behandelt wurden[174], zu einem einheitlichen Konzept zusammengeführt. Der 6. Senat des Bundesverwaltungsgerichts hat dieses Konzept in seinen beiden Vorlagebeschlüssen vom 17. Dezember 1997 zur demokratischen Legitimation von Wasserverbänden nahezu lehrbuchmäßig ausformuliert[175]. Als Ausübung von Staatsgewalt stellt sich dabei jedes amtliche Handeln mit Entscheidungscharakter unter Einschluß von Mitentscheidungsrechten und der Erteilung verbindlicher Weisungen dar[176]. Im einzelnen werden die Formen der sachlich-inhaltlichen (a) und der personell-organisatorischen (b) Legitimation unterschieden.

a) Sachlich-inhaltliche Legitimation

Die sachlich-inhaltliche Legitimation soll den Einfluß des demokratisch legitimierten Parlaments auf die jeweiligen Fachpolitiken sicherstellen. Sie wird vor allem durch das parlamentarische Gesetz vermittelt, das der Exekutive mit seinen einzelnen Tatbestandsmerkmalen Entscheidungsprogramme an die Hand gibt, die sie zu verwirklichen hat. Das setzt ein hin-

---

[172] BVerfGE 83, 60 (72).

[173] *E. W. Böckenförde*, in: Isensee/Kirchhof (Fn. 65), § 22 Rn. 11 ff.; *H. Dreier*, in: ders. (Fn. 66), Art. 20 (Demokratie) Rn. 87 ff.; *E. Schmidt-Aßmann*, Verwaltungslegitimation als Rechtsbegriff, AöR 116 (1991), 329 ff.; *ders.*, Ordnungsidee (Fn. 159), 80 ff.; *H.-H. Trute*, Funktionen der Organisation und ihre Abbildung im Recht, in: Schmidt-Aßmann/Hoffmann-Riem (Hrsg.), Verwaltungsorganisationsrecht als Steuerungsressource, 1997, 249 (272 ff.); *D. Zacharias*, Das Prinzip der demokratischen Legitimation, Jura 2001, 446 ff.

[174] Dazu zusammenfassend *J. Oebbecke*, Weisungs- und unterrichtungsfreie Räume in der Verwaltung, 1986.

[175] BVerwGE 106, 64 (73-84); dazu *P. J. Tettinger/Th. Mann*, Wasserverbände und demokratische Legitimation, 2000, 4 ff.

[176] *Dreier*, in: ders. (Fn. 66), Art. 20 (Demokratie) Rn. 79 ff. mit weiteren Nachweisen; vgl. auch VerfGH Berlin NVwZ 2000, 794 ff.

reichendes Maß gesetzlicher Bestimmtheit voraus. Wo gesetzgeberisch mit unbestimmten Gesetzesbegriffen und mit Generalklauseln gearbeitet werden muß, läßt die sachlich-inhaltliche Legitimation nach. Um so wichtiger ist es, daß solchenfalles durch die Schaffung entsprechender Entscheidungsstrukturen ein möglichst sachgerechter Vollzug der Gesetzesprogramme sichergestellt wird. Als zweites wichtiges Instrument sachlich-inhaltlicher Legitimation spielt das parlamentarische Budgetrecht eine wichtige Rolle. Wo das Gesundheitsbudget Teil des staatlichen Haushalts ist, wie das für England gilt, oder wo wie in der Rentenversicherung die Beitragssätze gesetzlich festgeschrieben sind und damit das Budget der Rentenkassen steuern, wird diese monetäre Variante sachlich-inhaltlicher Legitimation genutzt. Die ministerielle Genehmigung von Beitragssätzen, die für das Recht der GKV gilt, vermittelt dagegen nur eine indirekte Form demokratischer Legitimation.

b) Personell-organisatorische Legitimation

Die zweite Form demokratischer Legitimation ist die personell-organisatorische Legitimation. Sie zielt auf Rückbindung der tätigen Amtswalter an das Volk. Unmittelbare Volkswahl ist dabei nicht notwendig vorausgesetzt. In der Regel genügt „ein mittelbarer Legitimationszusammenhang, der durch eine ununterbrochene Legitimationskette vom Volk über die von diesem gewählte Vertretung zu den mit staatlichen Aufgaben betrauten Organen und Amtswaltern hergestellt wird"[177]. Sie ist besonders an den Verhältnissen der hierarchisch organisierten Behördenverwaltung ausgerichtet. Hier ist die ununterbrochene Legitimationskette durch die entsprechenden Ernennungsakte besonders leicht einsichtig zu machen. Hier läßt sich auch klar herausarbeiten, daß sich die Legitimation nur auf das verliehene Amt bezieht und nicht darüber hinausreicht, folglich nicht Tätigkeiten umfaßt, die von der Aufgabenbeschreibung des übertragenen Amtes nicht gedeckt sind[178]. Auf Kollegialgremien lassen sich diese An-

---

[177] BVerfGE 83, 60 (72 f.). Kritik am Schematismus der Kettenvorstellung bei *B.-O. Bryde*, Die bundesrepublikanische Volksdemokratie als Irrweg der Demokratietheorie, Staatswissenschaften und Staatspraxis 5 (1994), 305 ff.; *Trute* (Fn. 173), 274; *G. Britz*, Die Mitwirkung Privater an der Wahrnehmung öffentlicher Aufgaben durch Einrichtungen des öffentlichen Rechts, VerwArch 2000, 418 (422 f.).
[178] So BVerfGE 93, 37 (68).

forderungen nicht unbesehen übertragen[179]. Das gilt insbesondere dort, wo die Mitglieder solcher Gremien sich ihrerseits auf unterschiedliche Legitimationssubjekte stützen. Die herrschende Lehre will dem dadurch Rechnung tragen, daß sie gemäß dem „Prinzip der doppelten Mehrheit" verlangt, daß die Mehrheit der Gremiumsmitglieder demokratisch durch das Volk legitimiert sein muß und die konkrete Entscheidung wiederum von der Mehrheit der solchermaßen Legitimierten getragen sein muß[180].

2. Hinreichendes Legitimationsniveau

Sachlich-inhaltliche und organisatorisch-personelle Legitimation stehen nicht unvermittelt nebeneinander. Schwächen der einen Art können durch eine Stärkung der anderen Art bis zu einem gewissen Grade kompensiert werden. Ein Verwaltungsorgan, das nur über eine begrenzte personelle Legitimation verfügt, ist in seinem Entscheidungsverhalten auch dann (noch) hinreichend demokratisch legitimiert, wenn die Entscheidungen ihrerseits durch bindende Vorgaben des parlamentarischen Gesetzes besonders klar determiniert sind. Wichtig ist, daß ein hinreichendes „Legitimationsniveau" erreicht wird[181]. In diesem Zusammenhang spielen auch die sog. institutionelle Legitimation der Verwaltung, die in ihrer verfassungsrechtlichen Gründung als eigenständige Staatsgewalt verankert ist, und die diese Eigenständigkeit ausmachenden Entscheidungsstrukturen eine Rolle. „Denn die gemeinwohlorientierte, an Gesetz und Recht gebundene, wirksame Erfüllung des Amtsauftrages setzt voraus, daß die dafür erforderlichen organisatorischen und sonstigen innerdienstlichen Bedingungen sach- und zeitgerecht geschaffen werden"[182].

Nicht selten wird angenommen, daß Verwaltungseinheiten sich praktisch *nur* in den eben beschriebenen Formen sachlicher und personeller Legitimation i.S. des Art. 20 Abs. 2 GG bewegen könnten[183]. Auch eini-

---

[179] Dazu *Th. Groß*, Das Kollegialprinzip in der Verwaltungsorganisation, 1999, 163 ff. und 233 ff.; auch *Zacharias*, Legitimation (Fn. 173), 446 (448 f.).
[180] BVerfGE 93, 37 (72); BVerwGE 106, 64 (84) unter Berufung auf *Böckenförde*, in: Isensee/Kirchhof (Fn. 65), § 22 Rn. 19 Fn. 25.
[181] Vgl. BVerfGE 83, 60 (72); 93, 37 (66 f.).
[182] So BVerfGE 93, 37 (74); *Schmidt-Aßmann*, Ordnungsidee (Fn. 159), 90 ff.
[183] Nachdrücklich *M. Jestaedt*, Demokratieprinzip und Kondominialverwaltung, 1993.

ge Äußerungen des Bundesverfassungsgerichts weisen in diese Richtung. Allerdings hat das Gericht in seiner Entscheidung zum schleswig-holsteinischen Personalvertretungsrecht gewisse Lockerungen nach Maßgabe eines 3-Stufen-Modells zugelassen, das sich an der Intensität der Rückwirkungen auf den Amtsauftrag orientiert[184]. Selbst wenn man sich danach ergänzend weitere Legitimationsformen, z.B. der funktionalen Selbstverwaltung oder pluralistischer Sachverständigengremien, durchaus vorstellen kann, so muß auf jeden Fall sichergestellt sein, daß diese besonderen Formen ihren eigenen Systemgedanken *konsequent* folgen und in ihren Entscheidungsstrukturen *interessengerecht* ausgeformt sind (dazu unter C). Wo schon das nicht gewährleistet ist, wo z.B. Dritte einer verbandlichen Rechtsetzungsmacht unterworfen werden, ohne daran hinlänglich beteiligt zu sein, bringen sich die eigenständigen Legitimationsformen um ihre Konsistenz und führen zu verfassungswidrigen Verfremdungen des Legitimationskonzepts. Gerade im Gesundheitswesen besteht insofern Anlaß zur Sorge.

II. Die Gebote der Rechtsschutzeffektivität und der Verfahrensgerechtigkeit

Neben den Anforderungen des Legitimationsgebots müssen gesundheitsrechtliche Verteilungsentscheidungen den Geboten der Verfahrensgerechtigkeit und des wirksamen Rechtsschutzes entsprechen. Hat das Legitimationsthema seine Basis im Demokratieprinzip, so ergeben sich die jetzt zu behandelnden Gebote vor allem aus dem Rechtsstaatprinzip, das heißt aus den Grundrechen, aus den institutionellen Gewährleistungen und überhaupt aus dem Gebot rechtsstaatlicher Rationalität[185].

1. Wirksamer Gerichtsschutz

Was zum Gebot wirksamen Gerichtsschutzes zählt, ist besonders detailliert für den Schutzbereich des Art. 19 Abs. 4 GG herausgearbeitet worden[186]: Der in dieser Vorschrift verbriefte Rechtsschutz gegen Akte der

---

[184] BVerfGE 93, 37 (70 ff.); dazu teilweise krit. *U. Battis/J. Kersten*, Demokratieprinzip und Mitbestimmung im öffentlichen Dienst, DÖV 1996, 584 ff.
[185] Dazu *Schmidt-Aßmann*, in: Isensee/Kirchhof (Fn. 65), § 24 Rn. 69 ff.
[186] Dazu *E. Schmidt-Aßmann*, in: Maunz/Dürig (Fn. 25), Art. 19 IV Rn. 173 ff.; *Schulze-Fielitz* (Fn. 8), Art. 19 IV Rn. 65 ff.; *W. Krebs*, in: v. Münch/

öffentlichen Gewalt erfaßt alle Entscheidungen der Exekutive ohne Rücksicht darauf, ob sie im Rahmen öffentlich-rechtlicher oder privatrechtlicher Rechtsverhältnisse getroffen sind und welche Rechtsformen sie besitzen. Neben Einzelentscheidungen fallen darunter auch Rechtsverordnungen, Allgemeinverfügungen und Handlungen ohne imperativen Charakter, wie z.B. amtliche Produktwarnungen oder Produktempfehlungen, z.B. die Veröffentlichung sog. Transparenzlisten. Wichtig ist allein, daß die angegriffene Verwaltungsmaßnahme eine Rechtsverletzung zur Folge haben kann. Dazu genügt es, daß sie innerhalb eines größeren Planungs- oder Entscheidungszusammenhangs die wesentlichen Programmierungsvorgaben trifft, ohne daß sie selbst schon notwendig als unmittelbarer Rechtseingriff zu qualifizieren sein muß. Ein solcher vorgelagerter Rechtsschutz erscheint vor allem dort notwendig, wo die endgültigen Entscheidungen aus der Natur der Sache heraus praktisch nicht mehr angegriffen werden können. Auf diesen Punkt wird im Zusammenhang mit dem Rechtsschutz im Transplantationswesen zurückzukommen sein (vgl. unter E III). Die Rechte, um deren Verletzung es geht, folgen nicht aus Art. 19 Abs. 4 GG. Sie ergeben sich vielmehr aus dem einfachen Gesetzesrecht, dem Vertragsrecht und oft aus Grundrechten. Sie sind nicht nur materieller, sondern auch prozeduraler Natur. Auch Verfahrensrechte müssen grundsätzlich durchsetzbar sein. Beschränkungen ihrer isolierten gerichtlichen Verfolgbarkeit nach Art des § 44 a VwGO müssen gesetzlich besonders angeordnet und verhältnismäßig sein; sie dürfen die betroffenen Verfahrenspositionen nicht um ihre Wirksamkeit bringen.

Rechtsschutz im Sinne des Art. 19 Abs. 4 GG meint Schutz durch *Gerichte*. Ein vorausgehendes förmliches Verwaltungsverfahren kann den Kontrollauftrag der Gerichte entlasten, nicht aber substituieren. Die Gerichte müssen über wirksame Kontrollkompetenzen verfügen. Das schließt die Anerkennung eines nur begrenzt überprüfbaren administrativen Ermessens nicht aus. Für unbestimmte Gesetzesbegriffe – auch solche technisch-wissenschaftlicher Art – ist nach herrschender Anschauung jedoch zu verlangen, daß die Gerichte selbst die Anwendung dieser Begriffe in rechtlicher und tatsächlicher Hinsicht vollständig überprüfen[187]. Den erforderlichen Sachverstand müssen sie sich gegebenenfalls durch Heranziehung externer Sachverständiger aneignen. Ausnahmen von die-

---

Kunig (Fn. 6), Art. 19 Rn. 47 ff.; *P. M. Huber*, in: v. Mangoldt/Klein/Starck (Fn. 18), Art. 19 Abs. 4 Rn. 462 ff.

[187] BVerwGE 94, 307 (309).

sem Grundsatz vollständiger gerichtlicher Kontrolle gelten nur gemäß *besonderer gesetzlicher Ermächtigung*[188]. Ist eine Entscheidung innerhalb der Verwaltung von einem Sachverständigengremium getroffen worden, so kann das auf eine entsprechende Ermächtigung hindeuten[189]; sicher ist diese Folgerung aber nicht. Sie kann nur nach genauer Analyse der den jeweiligen Entscheidungszusammenhang konstituierenden Rechtsvorschriften ermittelt werden. Weiter gehören zur Rechtsschutzeffektivität die Möglichkeit eines vorbeugenden Rechtsschutzes in der Hauptsache und eines vorläufigen Rechtsschutzes in einem Eilverfahren. Die automatische aufschiebende Wirkung eines Rechtsmittels wird dagegen von Art. 19 Abs. 4 GG nicht notwendig verlangt. Sichergestellt sein muß aber, daß die Exekutive keine vollendeten Tatsachen mit irreversiblen Folgen schafft, bevor der Belastete die Möglichkeit hatte, ein Gericht anzurufen[190].

Art. 19 Abs. 4 GG schützt allerdings nur gegen Akte der *öffentlichen Gewalt*. Rechtsstreitigkeiten zwischen Zivilpersonen oder zwischen Verbänden und ihren Mitgliedern oder Auseinandersetzungen mit intermediären Einrichtungen, wie z.B. den Förderinstitutionen der Wissenschaft, erfaßt er nicht. Auch hier muß jedoch ein wirksamer Rechtsschutz durch staatliche Gerichte sichergestellt sein. Das folgt aus der allgemeinen staatlichen Justizgewährungspflicht, die ein Teil des Rechtsstaatsprinzips ist. Allerdings ist es verfassungsrechtlich nicht verwehrt, in diesem Bereich stärker als im Rahmen des Art. 19 Abs. 4 GG nicht-staatliche Schlichtungsinstanzen wie Schieds- oder Vereinsgerichte einzuschalten. Auch jetzt muß jedoch eine begrenzte Überprüfung der Entscheidungen dieser Stellen durch ein staatliches Gericht möglich bleiben. Die Justizgewährungspflicht verbietet es dem Staat, Private der Jurisdiktion Dritter ohne Vorbehalt einer Letztentscheidung auszuliefern. Das gilt insbesondere dort, wo Formen gesellschaftlicher Selbstorganisation bewußt zur Staatsentlastung oder zur Ergänzung staatlicher Regelungsstrukturen eingesetzt werden.

---

[188] *E. Schmidt-Aßmann*, in: Schoch/Schmidt-Aßmann/Pietzner (Hrsg.), Verwaltungsgerichtsordnung, Lsbl. Stand: 2001, Einleitung, Rn. 186 ff. mit weiteren Nachweisen.

[189] BVerwGE 39, 197 ff.

[190] Umfassend *F. Schoch*, Vorläufiger Rechtsschutz und Risikoverteilung im Verwaltungsrecht, 1988, bes. 892 ff.

2. Rechtsschutz in und durch Verfahren

Der Schutz individueller Rechte ist aber nicht nur den Gerichten überlassen. Gerichtliche Prozesse setzen regelmäßig spät an, so daß sie, unbeschadet der Möglichkeiten vorbeugenden und vorläufigen Gerichtsschutzes, nur noch auf Situationen reagieren können, in denen wichtige Vorentscheidungen schon getroffen, Verengungen schon eingetreten und bestimmte Optionen nicht mehr verfügbar sind. Um so wichtiger ist es, daß bereits die vorausgehenden Schritte interessengerecht vollzogen werden. Ein solcher „Grundrechtsschutz in und durch Verfahren" ist ein allgemeines rechtsstaatliches Gebot, das der Staat bei seinen eigenen Entscheidungen und dort, wo er Entscheidungen Privater in seine Regelungsstrukturen einbezieht, zu beachten hat.

Besonders klar ist das für das *Verwaltungsverfahren* herausgearbeitet worden[191]. Die Gewährleistung von Neutralität durch Regeln über den Ausschluß befangener Amtswalter (§§ 20, 21 VwVfG), die Anhörungs- und Akteneinsichtsrechte Entscheidungsbetroffener (§§ 28, 29 VwVfG) und die Pflicht zur Begründung staatlicher Entscheidungen werden daher zutreffend als unverzichtbare Elemente einer rechtsstaatlichen Verfahrensgestaltung angesehen. Gleiches gilt für ein Mindestmaß an Verfahrenstransparenz. Die Beteiligten müssen sich im Ablauf des Verfahrens zurechtfinden und ihr Verhalten darauf einstellen können. Daher ist es rechtsstaatswidrig, sie mit Einwendungen in späteren Verfahrensphasen zu präkludieren, wenn sie die Bedeutung des präklusionsgeneigten Sachverhalts nicht rechtzeitig haben erfassen können. Überhaupt dürfen Vorentscheidungen verbindlicher Art nur in einem Umfang getroffen werden, der der phasenspezifischen Verarbeitungskapazität entspricht. Dazu sind im Zusammenhang mit der Teilgenehmigung und dem Vorbescheid im Umweltrecht die wesentlichen Erkenntnisse entwickelt worden[192]. An sie können die gesundheitsrechtlichen Verwaltungsverfahren anknüpfen.

Die rechtsstaatlichen Anforderungen eines fairen Verfahrens reichen jedoch über Verwaltungsverfahren hinaus. Sie erfassen als *Privatverfahrensrecht* auch diejenigen Bereiche, in denen die Verbandsmacht selbstregulativer Instanzen wirksam wird[193]. Auch hier muß ein Minimum

---

[191] Nachweise bei *F. Hufen*, Fehler im Verwaltungsverfahren, 3. Aufl., 1998, Rn. 51 ff.; *Schmidt-Aßmann*, Verwaltungsgerichtsordnung (Fn. 188), Einleitung, Rn. 196 ff.

[192] BVerfGE 61, 83 (109 ff.); BVerwGE 72, 300 (303 ff.).

[193] Grundlegend *W. Hoffmann-Riem/J.-P. Schneider* (Hrsg.), Verfahrensprivatisierung im Umweltrecht, 1996.

prozeduralen Rechtsschutzes, müssen insbesondere Neutralität und Un-abhängigkeit zuständiger Instanzen dann gewahrt sein, wenn sie interessenausgleichende Entscheidungen sollen treffen können. Das gilt in gesteigertem Maße dann, wenn der Staat solche Entscheidungen mit Sanktionen seiner Rechtsordnung verbinden oder ihnen z.B. Vermutungs-wirkungen beilegen will.

III. Die Beteiligung Betroffener: insbesondere Patientenpartizipation

1. Partizipationszwecke

In diesen Zusammenhang gehört auch die Beteiligung Betroffener in und an Verfahren. Sie dient zum einen der eigenen Rechtswahrnehmung. Ge-rade im Gesundheitsrecht ist sie Ausdruck der notwendigen Individuali-sierung und Patientenorientierung, die in der konkreten Situation des ein-zelnen Behandlungsfalles anzusetzen hat und von hieraus auf die überge-ordneten Ebenen des Leistungssystems ausgreifen muß. Damit aber dient sie zum zweiten dazu, daß Entscheidungen besser informiert, nachfrage-bezogen und damit richtiger getroffen werden. In einem Gebiet, das sich vor allem über seine Leistungen legitimiert, ist Partizipation folglich auch ein Mittel fortlaufender Qualitätskontrolle. Zu Recht hat der Sachverstän-digenrat für die Konzertierte Aktion im Gesundheitswesen sie zu einem Schlüsselthema seiner jüngsten Empfehlungen gemacht[194]. Schließlich be-gegnen sich im Gedanken der Betroffenenbeteiligung die rechtsstaatliche und die demokratische Freiheitsidee. Partizipation hat folglich auch mit Legitimation zu tun – freilich nicht in jenem simplen Sinne, daß ein Quantitätszuwachs an Beteiligung notwendig schon zu demokratisch bes-ser legitimierten Entscheidungen führte[195].

2. Gebot strukturierter Beteiligung

Demokratie ist ein Formprinzip, und folglich geht es auch bei demokratiefördernden Wirkungen von Partizipation vor allem darum,

---

[194] Jahresgutachten 2000/2001 (Fn. 1), Tz. 362 ff.
[195] Vgl. *W. Schmitt Glaeser*, in: Lerche/Schmitt Glaeser/Schmidt-Aßmann (Fn. 119), 35 ff.; *Schmidt-Aßmann*, Ordnungsidee (Fn. 159), 97 ff.

daß die Beteiligungsformen interessengerecht strukturiert sind[196]. Dazu liegen für das Gesundheitswesen bisher nur partielle Erfahrungen vor. Insbesondere zur Repräsentation von Interessen auf höheren Entscheidungsebenen gibt es noch zu wenig Erkenntnisse[197]. Jedenfalls ist es mit einer eher disparaten Heranziehung dieser oder jener Betroffenengruppe nicht getan. Der Gedanke notwendiger Beteiligung kommt hier zunächst einmal einschränkend zum Tragen, indem er es verwehrt, Dritte zu Adressaten von Entscheidungen zu machen, die durch andere als die gem. Art. 20 Abs. 2 GG legitimierten Instanzen getroffen worden sind. Darüber hinaus ist positiv eine Legitimationskompensation dort möglich, wo die Betroffenenbeteiligung in verläßliche Repräsentationsformen überführt werden kann.

C. Verfahrens- und Organisationsmodelle für gesundheitsrechtliche Verteilungsentscheidungen

Im folgenden sollen drei Modelle gesundheitsrechtlicher Verteilungsentscheidungen vorgestellt werden, die zeigen, wie die abstrakten gesetzlichen Vorgaben der demokratischen Legitimation und der Verfahrensgerechtigkeit durch Einbeziehung medizinischen Sachverstandes umgesetzt werden können. Dieses sind die Modelle der funktionalen Selbstverwaltung (I), der pluralistischen Sachverständigenorganisation (II) und der regulierten Selbstregulierung (III). Alle drei Modelle sind in ihren Grundstrukturen anerkannte Bestandteile des verfassungskonkretisierenden allgemeinen Verwaltungsrechts. Inwieweit ihre spezifisch gesundheitsrechtliche Ausgestaltung im Krankenversicherungs-, Transplantations- und Arzneimittelrecht diese allgemeinen Lehren genau genug beachtet, wird Gegenstand späterer Untersuchungen sein (dazu unten D und E).

I. Die funktionale Selbstverwaltung und ihre duale Legitimation

Funktionale Selbstverwaltung ist die „nicht gebiets-, sondern aufgabenbezogene Verwaltung durch von fachlichen Weisungen freie juristische

---

[196] *Chr. Katzenmeier*, Patientenrechte in Deutschland heute, MedR 2000, 24 ff.; *M. Danner*, Wann ist die Mitwirkung von Patientenvertretern „demokratisch" legitimiert?, MedR 2000, 468 ff.
[197] *Sachverständigenrat*, Jahresgutachten 2000/2001 (Fn. 1), Tz. 376 ff.

Personen des öffentlichen Rechts, deren Entscheidungsorgane aus den Betroffenen, typischerweise den Mitgliedern rekrutiert werden"[198].

1. Mindestmaß an Gleichgerichtetheit der Interessen

Wie alle Selbstverwaltungsträger, so sind auch die Körperschaften der funktionalen Selbstverwaltung Teil der Exekutive und damit der organisierten Staatlichkeit. Darin unterscheiden sie sich grundlegend von Einrichtungen gesellschaftlicher *Selbstorganisation* (vgl. unter III). Ihre Basis ist nicht die grundrechtliche Freiheit, sondern das staatliche Gesetz, das die der Selbstverwaltung zugänglichen Bereiche festlegt. Selbstverwaltungsträger können nicht beliebig geschaffen werden: Körperschaften mit Zwangsmitgliedschaft setzen die Verfolgung eines legitimen öffentlichen Zwecks voraus[199]. Aber auch dort, wo keine obligatorische Mitgliedschaft besteht, ist der Selbstverwaltungsträger ein hoheitlicher Verband, der seine Angelegenheiten mit hoheitlicher Macht nach Maßgabe des in den Verbandsorganen wirksamen Mehrheitsprinzips verbindlich regelt. Wenn der Gesetzgeber einen solchen Verband schaffen will, dann müssen die Angelegenheiten, die diesem Verband zugewiesen werden sollen, zur Erfüllung durch die typischen Selbstverwaltungsmechanismen geeignet sein. Das setzt ein gewisses Maß an Gleichgerichtetheit der Interessen voraus[200]. Interessen, die von vornherein so stark divergieren, daß sie innerhalb der Verbandsstrukturen nicht zum Ausgleich gebracht werden können, dürfen nicht in einen Selbstverwaltungsrahmen eingespannt und dem permanenten Konflikt überlassen werden. Keinen legitimen öffentlichen Zweck verfolgt der Gesetzgeber, wenn er dauerhaft hoch konfliktträchtige Materien, deren Bewältigung er sich selbst nicht zutraut, Trägern funktionaler Selbstverwaltung zuweist.

---

[198] So *Böckenförde*, in: Isensee/Kirchhof (Fn. 65), § 22 Rn. 33 Fn. 51 unter Bezugnahme auf *E. T. Emde*, Die demokratische Legitimation der funktionalen Selbstverwaltung, 1991, 5 ff.

[199] BVerfGE 10, 89 (102) und 354 (371); std. Rspr. vgl. 92, 53 (68 f.); *H.-U. Erichsen*, in: Isensee/Kirchhof (Fn. 102), § 152 Rn. 68 ff.; *Kunig* (Fn. 6), Art. 2 Rn. 29; *W. Löwer*, dort Art. 9 Rn. 19 f.

[200] Vgl. BVerfGE 35, 79 (124) mit in der Sache zutreffender Schilderung der Gefahren der „Gruppenuniversität". Zur Interessenlage der funktionalen Selbstverwaltung präzise *Trute* (Fn. 173), 284 ff.

2. Grundbedingung: demokratische Legitimation
i.S. des Art. 20 Abs. 2 GG

Schon um der öffentlich-rechtlichen Attribute ihrer Herrschaft willen bedürfen funktionale Selbstverwaltungsträger einer demokratischen Legitimation im Sinne des Art. 20 Abs. 2 GG[201]. Die Verbandsmitglieder sind
nicht „Volk" und können daher demokratische Legitimation im *Sinne
dieser Bestimmung* nicht vermitteln. Vielmehr wird letztere allein dadurch
gewährleistet, daß die entsprechenden Körperschaften durch parlamentarisches Gesetz oder auf der Grundlage eines solchen Gesetzes durch staatliche Entscheidung gegründet worden sind, daß sie einer staatlichen Aufsicht unterstehen und an die staatlichen Gesetze gebunden sind, die ihrem
Handeln einen äußeren Rahmen und im Regelfall auch gewisse materielle Determinanten vorgeben. Freilich kann nicht übersehen werden, daß
die sachlich-inhaltliche Legitimation durch das staatliche Gesetz lückenhaft bleibt, ja bewußt lückenhaft angelegt ist, insofern die Gesetze einen
Selbstverwaltungsraum gerade belassen sollen. Ebenso ist unübersehbar,
daß die in der funktionalen Selbstverwaltung tätigen Amtsträger keine
den Amtsträgern der Staatsverwaltung entsprechende personell-organisatorische Legitimation im Sinne des zu Art. 20 Abs. 2 GG entwickelten
Modells besitzen. Sie leiten ihren Amtsstatus nicht aus einer Kette von
Ernennungsakten her, die letztlich auf das *Volk* zuführt.

3. Zusätzlich: autonome Legitimation

Neben der an Art. 20 Abs. 2 GG ausgerichteten Legitimation verfügt die
funktionale Selbstverwaltung aber über einen zweiten, einen eigenen
Legitimationsmechanismus, der regelmäßig auf Wahl seitens der Mitglieder der Körperschaften zurückgeht. Die Mitglieder bilden nach heute
überwiegender Anschauung zwar keine „Teilvölker". Trotzdem ist diese
autonome Legitimation – nach freilich nicht unbestrittener Ansicht – eine
demokratische Legitimation; denn das demokratische Prinzip erschöpft
sich nicht in einem monistischen Konzept, sondern läßt daneben partizi-
patorischen Ansätzen Raum[202]. Funktionale Selbstverwaltung ist in der

---

[201] *Dreier*, in: ders. (Fn. 66), Art. 20 (Demokratie) Rn. 314.
[202] Vgl. *Groß* (Fn. 179), 163 ff.; *Dreier*, in: ders. (Fn. 66), Art. 20 (Demokratie) Rn. 122 mit weiteren Nachweisen in Fn. 317; *Kluth* (Fn. 120), 369 ff.,
382; *Zacharias* (Fn. 173), 446 (449); a.M. *Böckenförde*, in: Isensee/Kirchhof
(Fn. 65), § 22 Rn. 33; *Jestaedt*, Demokratieprinzip (Fn. 183), 514 ff.

Frage demokratischer Legitimation folglich nicht defizitär. Ihr Legitimationskonzept ist vielmehr eine *duale Ordnung*, die zu zwei unterschiedlichen Legitimationssubjekten führt, dem Volk einerseits und den Mitgliedern der Körperschaft andererseits. In der Ausgestaltung der Mitwirkungsrechte folgt die autonome Legitimation ihren eigenen Regeln, die nach den unterschiedlichen Funktionen universitärer, berufsbezogener oder sozialer Selbstverwaltung variieren[203].

Aus dem Nebeneinander allgemein-demokratischer und autonomer Legitimation können sich Spannungen ergeben. Diese sind im Regelfall durch die Unterordnung der selbstverwaltenden Satzungsgewalt unter das parlamentarische Gesetz gelöst. Das Gesetz bleibt auf diese Weise Garant des Allgemeininteresses gegenüber dem Körperschaftsinteresse. Zugleich schützt es das Individualinteresse des einzelnen Mitglieds bis zu einem gewissen Grade vor dem ungehinderten Zugriff der Mitgliedermehrheit[204].

4. Beachtung des „Korrespondenzgebots"

Besondere Schwierigkeiten entstehen dort, wo Selbstverwaltungsträger Entscheidungen treffen, die sich nicht allein auf ihre Mitglieder beziehen, sondern in einer mehr als marginalen Weise auf Dritte übergreifen, die in den Verbandsorganen nicht vertreten sind. Das Bundesverwaltungsgericht hat das in einem der zitierten Vorlagebeschlüsse klar herausgestellt[205]: „In derartigen Fällen geht es nicht mehr – wie dies in anderen Bereichen funktionaler Selbstverwaltung, etwa den berufsständischen Kammern, durchaus typisch sein mag – allein oder im wesentlichen um die Heranziehung und eigenverantwortliche Beteiligung von Betroffenen an der dezentralen Erledigung von auf sie selbst bezogenen Verwaltungsaufgaben in einer Selbstverwaltungskörperschaft". Für die autonome Legitimation gilt also ein *„Korrespondenzgebot"*, demgemäß die Entscheidungswirkungen im wesentlichen auf den Kreis der legitimationsstiftenden Mitglieder beschränkt bleiben müssen[206]. Soll der Selbstverwaltungsträger zu darüber hinausgreifenden Akten rechtlich befugt sein, so kann eine auf die Mit-

---

[203] Anders *Emde*, Selbstverwaltung (Fn. 198), 410 ff., 421; wie hier *Dreier*, in: ders. (Fn. 66), Art. 20 (Demokratie) Rn. 122.
[204] Vgl. oben 1. Teil unter B III 1.
[205] BVerwGE 106, 64 (77).
[206] Begriff bei *Tettinger/Mann*, Legitimation (Fn. 175), 62.

glieder zurückgeführte Legitimation nicht genügen. Entweder muß solchenfalles die Gremienzusammensetzung geändert und für eine angemessene Repräsentanz *aller* Betroffenen gesorgt werden. Die Einräumung bloßer Anhörungsrechte genügt dazu nicht. Vielmehr sind Möglichkeiten der Mitentscheidung vorzusehen, die freilich nicht notwendig auf eine egalitäre Partizipation hinauslaufen müssen. Wo dieser Weg einer Erweiterung der Gremienstruktur nicht beschritten wird oder rechtlich nicht beschritten werden kann, weil die Interessen zu disparat sind, sind Träger funktionaler Selbstverwaltung zur Alleinentscheidung nicht befugt. Dann müssen staatliche Amtsträger am Erlaß der betreffenden Rechtsakte in qualifizierter Weise, z.B. durch einen Einvernehmensvorbehalt, beteiligt werden und damit im Blick auf die nicht repräsentierten Dritten die Verantwortung übernehmen.

II. Die Legitimation von Sachverständigengremien

Anders als bei der funktionalen Selbstverwaltung stellen sich die Legitimationsprobleme von Sachverständigengremien. Während erstere neben der demokratischen Legitimation durch das Volk über eine autonome Legitimation durch die Verbandsmitglieder verfügt, die sie zu verbindlichen Entscheidungen (nur) gegenüber diesen befähigt, geht es bei Sachverständigengremien allein um ihre demokratische Legitimation i.S. des Art. 20 Abs. 2 GG und deren interessengerechte Spezifizierung. Die Schlüsselbegriffe heißen Sachkunde, Objektivität und Neutralität[207]. Die Lösung wird von der Art der Sachverständigentätigkeit und der Intensität bestimmt, mit der ihre Ergebnisse als staatliche Entscheidungen wirken oder in solche Entscheidungen eingehen sollen. Die Rechtslage stellt sich für Entscheidungsgremien (1) und Beratungsgremien (2) unterschiedlich dar.

1. Entscheidungsgremien

Keine besonderen Schwierigkeiten bereiten die reinen „*Beamtengremien*" innerhalb oder am Rande der Staatsverwaltung, z.B. die Prüfungsausschüsse in den Universitäten oder bei den staatlichen Prüfungsämtern. Die

---

[207] Ausführlich *M. Schwab*, Rechtsfragen der Politikberatung im Spannungsfeld zwischen Wissenschaftsfreiheit und Unternehmensschutz, 1999, 564 ff.

Mitglieder dieser Gremien bringen ihre Amtslegitimation mit. Diese ist die Basis, auf der die amtliche Bestellung zum Prüfer aufbauen kann[208].

Wesentlich problematischer sind Fälle, in denen Sachverständige *von außen* in die Verwaltung hineingenommen und ihren kollegialen Beschlüssen die Wirkungen staatlicher Entscheidungen beigelegt werden sollen. Am ehesten akzeptabel ist das dann, wenn die Exekutive in der Auswahl der Sachverständigen an Vorschlags- oder Benennungsrechte Dritter nicht gebunden ist. Die staatliche Ernennung der frei ausgewählten Sachverständigen und ihre Zusammenfassung zu einem behördlichen Gremium machen diese für spezielle Aufgaben zu Teilen der öffentlichen Verwaltung, die bei entsprechender gesetzlicher Grundlage und bei sichergestellter Neutralität eine hinreichende personell-organisatorische Legitimation vorweisen können.

Die größten Schwierigkeiten entstehen, wo die Sachverständigenauswahl durch feste Vorschlags- oder Benennungsrechte nicht beim Staat, sondern bei Verbänden und anderen Institutionen des gesellschaftlichen Bereichs liegt, die als solche keine demokratische Legitimation i.S. des Art. 20 Abs. 2 GG vermitteln können. Auch der rein formale Vorgang der staatlichen Ernennung kann diesen Mangel nicht völlig ausgleichen. Auf der anderen Seite ist es um der sachlichen Richtigkeit staatlichen Entscheidens willen oft notwendig, gesellschaftlichen Sachverstand in die Verwaltung hineinzunehmen. In herausgehobenen Fällen, z.B. zum Schutze der besonderen Staatsferne der Kunst- oder Wissenschaftsfreiheit, können solche Gremien „*Distanzgaranten*", in anderen Fällen, z.B. bei der Artikulation des Standes der Wissenschaft können sie „*Qualitätsgaranten*" sein. Auf dem ersteren Gedanken beruht z.B. die Entscheidungskompetenz der Bundesprüfstelle nach §§ 8 ff. GjSM. Das Bundesverfassungsgericht hatte sich mit dieser Thematik in der Entscheidung vom 27. 11. 1990 zu beschäftigen[209]. Es hat auf der Basis der auch hier vertretenen prozedural-organisatorischen Fassung der Wesentlichkeitsdoktrin Anforderungen vor allem an die sachgerechte Auswahl der Sachverständigen und an die parlamentarisch-gesetzliche Fixierung der Auswahlregelung gestellt: „Das rechtssatzförmig festzulegende Verfahren muß den Interessen an einer möglichst umfassenden Ermittlung aller bei der Indizierungsentscheidung zu beachtenden Gesichtspunkte Rechnung tragen"[210]. Dabei

---

[208] Vgl. *Groß* (Fn. 179), 93 f.
[209] BVerfGE 83, 130 (149 ff.).
[210] BVerfGE 83, 130 (151 f.).

muß der Gesetzgeber anstreben, „daß die in den beteiligten Kreisen vertretenen Auffassungen zumindest tendenziell vollständig erfaßt werden". Das, was Sachverständige in dieser ihrer Eigenschaft bieten können, muß sich in den vorgesehenen Verfahrens- und Organisationsstrukturen wirksam entfalten können. Dies ist das *„Konsistenzgebot"*, dem das Legitimationsmodell der Sachverständigengremien entsprechen muß.

2. Gremien privilegierter Beratung

Für rein beratende Tätigkeiten gilt das Legitimationsgebot nicht; denn sie sind als solche nicht Ausübung von Staatsgewalt i.S. des Art. 20 Abs. 2 GG. Es wäre jedoch falsch, damit alle Beratungsaufgaben, die Sachverständigengremien auf gesetzlicher Grundlage wahrnehmen, von allen legitimatorischen Anforderungen freizustellen. Ihre gesetzliche Anerkennung und die gesetzliche Formulierung ihres Beratungsauftrages verleihen solchen Instanzen vielmehr eine privilegierte Stellung im staatlichen Entscheidungsgefüge, die nicht ohne Rückwirkungen auf die verfassungsrechtlichen Anforderungen an ihre Organisation bleiben kann. Die Intensitätsgrade, in denen sich die Wirkungen privilegierter Sachverständigenberatung zeigen, variieren: Oft sind die Ergebnisse ihrer Beschlußfassung faktisch für die beratenen staatlichen Stellen bindend. Nicht selten ist ihnen gesetzlich sogar ausdrücklich die Bedeutung einer formalisierten Vorentscheidung innerhalb eines gestuften Verfahrenskonzepts zugewiesen oder eine Vermutungswirkung beigelegt worden.

Entsprechend variabel müssen die Legitimationsanforderungen gefaßt werden, die der Staat, wenn er sich dieser Beratung bedient, vorwirkend zur Geltung bringen muß. Die Grundlinie wird durch eine je-desto-Formel vorgezeichnet: Je nachhaltiger der faktische oder der rechtliche Einfluß ist, desto stärker nähern sich die Anforderungen den für Entscheidungsgremien geltenden Maßstäben an (vgl. oben unter 1). Im Regelfall dürfte es genügen, daß sich der Staat entweder ex ante hinreichende Einflußmöglichkeiten auf die Besetzung der Gremien sichert oder sich eine substantielle Kontrolle der Beratungsergebnisse vorbehält, in der seine Letztverantwortung wirksam zum Ausdruck kommen kann. Demokratisch und rechtsstaatlich veranlaßt sind darüber hinaus Regelungen, die die jeweiligen Interessenpositionen der Sachverständigen deutlich und das Beratungsverfahren transparent machen. Bei kontroversen Themen ist auf die Einbeziehung von Gegengutachtern Wert zu legen. In keinem Fall dürfen staatlich zu verantwortende Entscheidungen durch die Einschaltung von Beratungsgremien dem unkontrollierten Zugriff partikularer Interessen, die sich hinter dem Sachverstand verbergen, ausgeliefert werden.

III. Gesellschaftliche Selbstregulierung und ihre staatliche Ordnung

An dieser Stelle berühren sich die Legitimationsanforderungen öffentlich-rechtlich verfaßter Sachverständigengremien mit der staatlichen Ordnung gesellschaftlicher Selbstregulierung: Als solche gehören Selbstregulierungs-instanzen nicht zur organisierten Staatlichkeit. Ihre kollektiven Ordnungs-muster sind primär Ausdruck grundrechtlicher Freiheiten. Sie dienen daneben aber auch öffentlichen Interessen, insofern sie, z.B. in Regeln guter Praxis, übergreifende Ordnungen ausbilden[211]. Auch im Gesund-heitswesen lassen sich neben Formen von Selbst*verwaltung* vielfältige Vor-gänge von Selbst*regulierung* beobachten, vor allem im Wirken von Fach-gesellschaften oder in der Erarbeitung von fachlichen Standards, z.B. von Leitlinien oder Richtlinien[212]. Auch das Transplantationswesen *vor* dem Erlaß des Transplantationsgesetzes war von Selbstregulierungsinstanzen geprägt[213].

Selbstregulierung bietet Vorteile der Staatsentlastung. Sie bewegt sich im Rahmen der allgemeinen Rechtsordnung, die sie gegebenenfalls um eigene Verhaltensregeln und Durchsetzungsmechanismen ergänzt. Der Staat kann sich insofern auf ein Wächteramt beschränken, um zu verhin-dern, daß Verbandsmacht zu Monopolbildung und Diskriminierung aus-genutzt wird. Eine wichtige Gewährleistungsaufgabe hat insofern das Wettbewerbsrecht[214]. Die für die staatliche Verwaltung beachtlichen An-forderungen, insbesondere das demokratische Legitimationsgebot, gelten für die Instanzen gesellschaftlicher Selbstregulierung grundsätzlich dage-gen nicht.

Die rechtliche Situation ändert sich jedoch, wenn sich Staat und Ge-sellschaft in spezielle *Kooperationsverhältnisse* begeben. So kann es für den Staat attraktiv sein, gesellschaftliche Expertise für den Erlaß eigener Normsetzungsakte zu nutzen, wie das im Technischen Sicherheitsrecht oft der Fall ist. In diesen Fällen eines besonderen Einflusses gesellschaftlicher Selbstregulierung hat der Staat aus einer *vorwirkenden Legitimations-verantwortung* heraus dafür Sorge zu tragen, daß sich schon im selbstre-

---

[211] Vgl. *E. Schmidt-Aßmann*, in: Regulierte Selbstregulierung als Element ver-waltungsrechtlicher Systembildung, Beiheft 3 zu: Die Verwaltung, 2001; *A. Faber*, Gesellschaftliche Selbstregulierunssysteme im Umweltrecht – unter besonderer Berücksichtigung der Selbstverpflichtungen, 2001, 41 ff.

[212] Dazu anschaulich die Beiträge in: *D. Hart* (Hrsg.), Ärztliche Leitlinien, 2000.

[213] Dazu unter E II.

[214] *Faber*, Selbstregulierung (Fn. 211), 331 ff.

gulativen Vorfeld Neutralität und Objektivität durchsetzen können: Freie Selbstregulierung wird hier zur staatlich *regulierten Selbstregulierung*. Dabei sind folgende Grundsätze zu beachten[215]:

– Die involvierten Interessen müssen angemessen repräsentiert sein.
– Minderheitenpositionen müssen zu Wort kommen können.
– Die Entscheidungen müssen in einem transparenten öffentlichen Verfahren getroffen werden.
– Die Entscheidungswirkungen müssen rechtlich klar definiert und in ihrer Bedeutung dem Interessengewicht adäquat sein.

Weitergehende Anforderungen stellen sich dann, wenn der Staat einzelne Organisationen des Selbstregulierungsgefüges mit der eigenständigen Wahrnehmung staatlicher Aufgaben förmlich betraut. Das wird später am Beispiel des § 16 TPG zu analysieren sein.

IV. Zwischenergebnisse

Die grundgesetzliche Legitimationsordnung ist um das Zentrum demokratischer Legitimation im Sinne des Art. 20 Abs. 2 GG angelegt. Ohne die dort verlangte demokratische Legitimation dürfen staatliche Entscheidungen nicht getroffen werden. Allerdings ist die allgemeine demokratische Legitimation nicht die einzige anerkannte Legitimationsform.

– *Träger funktionaler Selbstverwaltung* bringen, unbeschadet der für sie notwendigen Legitimation im Sinne des Art. 20 Abs. 2 GG, eine eigene autonome Legitimation ein. Für ihren Selbstverwaltungsbereich können sie auf der Grundlage dieser dualen Legitimation verbindliche Entscheidungen treffen, die in ihren Wirkungen das „Korrespondenzgebot" beachten müssen.

– *Sachverständigengremien* besitzen keine autonome Legitimation. Die für sie notwendige Legitimation kann allein über ihre Rückbindung an das Volk im Sinne des Art. 20 Abs. 2 GG erfolgen. An eine Korrespondenzregel sind sie nicht gebunden. Für sie gilt jedoch ein Konsistenzgebot.

– Gremien *gesellschaftlicher Selbstregulierung* unterliegen als solche nicht den Anforderungen staatlicher Legitimation. Sollen ihren Entscheidungen und Regelwerken jedoch Rechtswirkungen in staatlichen Entscheidungszusammenhängen zugewiesen werden, ist für eine transparente und interessengerechte Ordnung der einschlägigen Verfahren zu sorgen.

---

[215] *Trute* (Fn. 173), 288 ff.; *Schwab*, Politikberatung (Fn. 207), 566 ff.; auch *Schmidt-Aßmann*, Ordnungsidee (Fn. 159), 231 ff.

Die folgenden Untersuchungen gelten zwei für das Gesundheitswesen bedeutsamen Entscheidungsgremien, den Bundesausschüssen der Krankenkassen und Kassenärztlichen Vereinigungen (D) und der Bundesärztekammer (E). Beiden sind mit ihrer *Richtliniengebung* wichtige Verteilungsentscheidungskompetenzen zugewiesen – aber nehmen sie diese in der grundrechtlich vorgezeichneten individualisierenden Weise wahr, oder haben sich hier Kollektivinteressen festgesetzt, die weder rechtsstaatlich hinreichend klar strukturiert noch demokratisch hinreichend legitimiert sind?

D. Die Leistungsgrenzen sozialer Selbstverwaltung: das Beispiel der Bundesausschüsse nach § 91 SGB V

Die Umsetzung der in den vorausgehenden Teilen entwickelten Erkenntnisse in das Recht der gesetzlichen Krankenversicherung fällt nicht leicht. Das Sozialrecht hat bisher in vieler Hinsicht ein Eigenleben geführt und Traditionsbestände mitgeschleppt, die im allgemeinen öffentlichen Recht längst überholt sind. *Hans-Jürgen Papier* hat dazu 1990 festgestellt: „Das Regelungs- und Normensystem im Recht der gesetzlichen Krankenversicherung hat ein recht diffuses Bild verbändestaatlicher, ja ständestaatlicher Gesetzgebung geboten. Der demokratie- und rechtsstaatliche Gesetzesvorbehalt mit seiner Präzisierung durch die ‚Wesentlichkeitsjudikatur‘ des Bundesverfassungsgerichts erscheinen hier stellenweise als ‚Phantombilder aus einer anderen Welt‘.“[216] Seither hat sich einiges geändert. Aber die tragenden Dogmen der Legitimation und der Verfahrensgebundenheit sind nach wie vor unzulänglich verarbeitet.

I. Selbstverwaltung in der Krankenversicherung

Zum Verständnis der Grundformen mag es genügen, die beiden Hauptpfeiler des Selbstverwaltungssystems, die Krankenkassen als die Versicherungsträger (1) und die Kassenärztlichen Vereinigungen als die Organisa-

---

[216] Der Wesentlichkeitsgrundsatz – am Beispiel des Gesundheitsreformgesetzes, VSSR 1990, 123 (136 f.). Ähnliche Beobachtungen einer verfassungsrechtlich nicht haltbaren Sonderrolle des Sozialrechts bei *O. Lepsius*, Verfassungsrechtliche und dogmatische Probleme der sachlich-rechnerischen Richtigstellung im Kassenarztrecht, VSSR 1998, 95 (102 ff.).

tion der Leistungsträger (2) zu betrachten[217]. Aus ihnen formiert sich, teils vertraglich geregelt, teils organisatorisch verfestigt, jenes stark korporativ geprägte Zusammenspiel, das das deutsche Krankenversicherungssystem ausmacht und gern als „gemeinsame Selbstverwaltung" bezeichnet wird (3).

1. Krankenkassen als Träger funktionaler Selbstverwaltung

Krankenversicherungsträger sind vor allem die Orts-, Betriebs- und Innungskrankenkassen nach §§ 143 - 172 SGB V. Sie sind rechtsfähige Körperschaften des öffentlichen Rechts mit der Selbstverwaltung, die paritätisch durch die Versicherten und die Arbeitgeber ausgeübt wird (§ 29 SGB IV). Die Interessenstruktur ist freilich außerordentlich heterogen, ja diffus[218]: Formal sind die Rollen auf das Arbeitsverhältnis rückbezogen, aus dem die Beiträge geleistet werden. Das führt jedoch nur für die Arbeitgeber zu einer klaren Ausrichtung, während die Arbeitnehmer in einer eigentümlichen und keineswegs in sich widerspruchsfreien *Rollentrias* agieren und die Interessen der Versicherten und der potentiellen Patienten mitrepräsentieren müssen. Speziell die Patienteninteressen sind in den Kassen folglich nur mittelbar vertreten. Die Kostenbegrenzung besitzt als kollektives Verbandsinteresse durch die paritätische Beteiligung der Arbeitgeberseite strukturell ein deutliches Übergewicht[219].

Eine Besonderheit sozialer Selbstverwaltung sind die sog. Friedenswahlen: Wird aus einer Gruppe nur eine Vorschlagsliste zugelassen oder werden auf mehreren Vorschlagslisten insgesamt nicht mehr Bewerber benannt, als Mitglieder zu wählen sind, so gelten die Vorgeschlagenen als gewählt (§ 46 Abs. 3 SGB IV). In der Praxis überwiegen die Friedenswahlen die echten Wahlhandlungen bei weitem[220]. Inwieweit dieser Wahl-

---

[217] Zum folgenden vgl. *Kluth*, Funktionale Selbstverwaltung (Fn. 120), 189 ff.; *M. Plantholz*, Funktionelle Selbstverwaltung des Gesundheitswesens im Spiegel der Verfassung, 1998, 21 ff.; *Wahl*, Kooperationsstrukturen (Fn. 4), 172 ff. und 217 ff.

[218] Zweifel an der Interessengerechtigkeit der gruppenparitätischen Selbstverwaltung auch bei *Ebsen*, in: Schulin (Fn. 4), § 7 Rn. 57.

[219] Besonderheiten gelten nur für die Ersatzkassen nach §§ 168 ff. SGB V, deren Selbstverwaltungsorgane allein aus Vertretern der Versicherten bestehen (§ 44 Abs. 1 Nr. 4 SGB IV).

[220] So *E. Leitherer*, in: Schulin (Fn. 4), § 19 Rn. 258.

modus eine ausreichende Legitimation vermittelt, ist verfassungsrechtlich zweifelhaft[221].

Die Krankenkassen erfüllen ihre Aufgaben im Rahmen des staatlichen Rechts eigenverantwortlich. Sie dürfen allerdings nur gesetzlich zugewiesene oder zugelassene Aufgaben aufgreifen; ein eigenes Aufgabenerfindungsrecht steht ihnen nicht zu (vgl. § 30 SGB IV). Trotz dieser gesetzlichen Anbindung ist ihre Tätigkeit weder schematischer Verwaltungsvollzug noch technische Finanzdienstleistung. Das wichtigste Instrument eigener Rechtsgestaltung ist das Satzungsrecht des § 34 SGB IV. Satzungen haben neben den Regelungen zur kasseninternen Organisation auch Bestimmungen über Höhe, Fälligkeit und Zahlung der Beiträge sowie über Art und Umfang der Leistungen zu treffen, soweit das Gesetz dazu nicht schon Festlegungen vorgesehen hat (§ 194 SGB V).

Der überregionalen und der bundesweiten Repräsentation des Krankenkassenwesens dienen die *Verbände der Krankenkassen* (§§ 207-218 SGB V): In jedem Land bilden die jeweiligen Kassen einen Landesverband, die Landesverbände wiederum bilden jeweils einen Bundesverband. Landes- und Bundesverbände sind öffentlich-rechtliche Körperschaften in der Form von Bundkörperschaften mit dem Recht der Selbstverwaltung durch ihre Organe und mit eigenem Satzungsrecht. So klar das alles juristisch konstruierbar ist, so muß realiter freilich bedacht werden, daß sich auf den höheren Ebenen der Bundkörperschaften die Kraft der autonomen, auf die Mitglieder rückbezogenen Legitimation deutlich abschwächt. An der Wirksamkeit der mehrfach gestuften mittelbaren Repräsentation – zumal dann, wenn sie auf „Friedenswahlen" beruht – bestehen erhebliche Zweifel[222]. Selbstverwaltung droht in eine von der Basis weitgehend abgekoppelte Verbandsverwaltung überzugehen.

---

[221] Dazu *J. Castendiek.* Versichertenbeteiligung und Demokratie im Normenkonzept der Richtlinien der Bundesausschüsse, NZS 2001, 71 (73); *Wahl,* Kooperationsstrukturen (Fn. 4), 187 ff. Vgl. auch *F. E. Schnapp,* Friedenswahlen in der Sozialversicherung – vordemokratisches Relikt oder scheindemokratisches Etikett?, in: Festschrift für K. Ipsen, 2000, 807 ff. Für die Annahme, die Friedenswahlen (nach der HandwerksO) seien verfassungswidrig, der Vorlagebeschluß des VGH BW GewArch 1998, 63 ff.

[222] Vgl. *I. Ebsen,* Autonome Rechtsetzung in der Sozialversicherung und der Arbeitsförderung als Verfassungsproblem, VSSR 1990, 57 ff.; ferner BSG NZS 1995, 502 (512).

2. Kassenärztliche Vereinigungen
als Träger funktionaler Selbstverwaltung

Die zweite Säule der gesetzlichen Krankenversicherung sind die Kassenärztlichen Vereinigungen. Es handelt sich bei ihnen um Personalkörperschaften des öffentlichen Rechts, deren Mitglieder die (zugelassenen) Vertragsärzte sind (§ 77 SGB V). Die Vereinigungen haben das Recht der Selbstverwaltung durch ihre Organe, die Vertreterversammlung und den Vorstand (§ 79 SGB V)[223]. Die Mitglieder der Vertreterversammlung werden von den Mitgliedern der Vereinigung in unmittelbarer Wahl gewählt. Die Vertreterversammlung ihrerseits wählt die Mitglieder des Vorstandes. Die Wahlperiode umfaßt 4 Jahre (§ 80 SGB V). Die auf Landesebene organisierten Kassenärztlichen Vereinigungen bilden die Kassenärztliche Bundesvereinigung; auch sie ist eine Körperschaft des öffentlichen Rechts. Alle Vereinigungen unterstehen einer staatlichen Aufsicht, die im Regelfall auf die Rechtmäßigkeitskontrolle begrenzt ist (§ 78 SGB V).

Die Kassenärztlichen Vereinigungen haben die Rechte der Vertragsärzte gegenüber den Krankenkassen wahrzunehmen und die Erfüllung der den Vertragsärzten obliegenden Pflichten zu überwachen (§ 75 Abs. 2 SGB V). Zur Wahrnehmung ihrer Aufgaben besitzen sie die Satzungsautonomie. Die Satzungen treffen nicht nur Organisationsregelungen, sondern enthalten auch Vorschriften über Pflichten der Mitglieder, z.B. über die notwendige Fortbildung der Ärzte und über mögliche Disziplinarmaßnahmen (§ 81 SGB V). Zu den besonders wichtigen Aufgaben der Kassenärztlichen Vereinigung gehören die Verteilung der Gesamtvergütungen an die Vertragsärzte und die dazu erforderliche Festlegung der Verteilungsmaßstäbe (§ 45 Abs. 4 SGB V)[224].

3. „Gemeinsame Selbstverwaltung" – ein Kooperationsgeflecht

Krankenkassen und Kassenärztliche Vereinigungen sind die Grundpfeiler funktionaler Selbstverwaltung im Recht der gesetzlichen Krankenversicherung. Ihre Organisationsstrukturen stellen aber nur den Kernbestand dar.

---

[223] Zu geplanten Veränderungen der Leitungsstrukturen vgl. *P. M. Huber,* Selbstverwaltung und Systemgerechtigkeit, VSSR 2000, 369 ff.

[224] Vgl. *Lepsius,* Kassenarztrecht (Fn. 216), 97 ff.

– *Innerhalb* jedes der beiden Systeme gibt es vielfältig ausdifferenzierte zusätzliche Organisationseinheiten, Fachausschüsse, Arbeitsgemeinschaften und Spitzenorganisationen. In der Regel handelt es sich dabei um unselbständige Einrichtungen des *jeweiligen* Hauptträgers, die meistens in den Formen des öffentlichen Rechts organisiert sind.

– Beide Systeme *übergreifend* setzt dann das an, was als „gemeinsame Selbstverwaltung" bezeichnet wird und für seine Befürworter der Ausdruck schöner Harmonie, für seine Kritiker ein unüberschaubares Geflecht korporatistischer Machtpositionen ist[225]. Teilweise sind die Interessenlagen wenigstens offen ausgewiesen und zu gemeinsamer vertraglicher Gestaltung wie bei Tarifvertragsmodellen auf den Verhandlungsweg gewiesen. Wesentlich undurchsichtiger ist die Interessenstruktur dort, wo die Repräsentanten beider Systeme zu einer neuen gemeinsamen Organisation zusammengeführt sind, die einen gemeinsamen Willen ausbilden und nach dem Mehrheitsprinzip zu gemeinsamen Entscheidungen finden soll. Spätestens hier zeigen sich die Leistungsgrenzen solcher *Hybridformen* funktionaler Selbstverwaltung.

II. Aufgaben, Organisation und Legitimation der Bundesausschüsse

Eine solche Hybridform mit Steuerungsaufgaben im gesamten Gebiet der GKV sind die Bundesausschüsse der Krankenkassen und Kassenärztlichen Vereinigungen nach § 91 SGB V. Von „Steuerungsaufgaben" kann hier mit gutem Grund gesprochen werden. Die administrativen Tätigkeiten im Bereiche der Krankenversicherung sind alles andere als einfache Vollzugstätigkeiten, die gesetzlich verbriefte Leistungen nach Maßgabe eindeutiger gesetzlicher Vorgaben zuzuteilen. Die gesetzlichen Tatbestände, die die Leistungsansprüche der Versicherten umschreiben, sind vielmehr außerordentlich weit. Die traditionelle Aufteilung zwischen einem Leistungsrecht und einem Recht der Leistungserbringer hat diese Zusammenhänge bisher eher verdunkelt als verdeutlicht. Entscheidend ist letztlich, was im Rahmen des einzelnen Behandlungsverhältnisses verlangt werden kann. Zwischen diesem Standard und dem, was der Vertragsarzt nach Maßgabe seiner Einbindung in das zwischen Krankenkassen und Kassenärztlichen Vereinigungen bestehende Leistungserbringungsrecht abrechnen darf, kann keine strikte Zäsur gemacht werden. Die jüngere sozialgerichtliche Rechtsprechung erkennt diese Zusammenhänge, zusammenfassend darge-

---

[225] Ausgewogen die systematische Darstellung bei *Wahl*, Kooperationsstrukturen (Fn. 4), 288 ff.

stellt in den grundlegenden Urteilen des Bundessozialgerichts vom 16. 9. 1997, zutreffend an[226]: Das Gesetz selbst bietet danach nur einen ausfüllungsbedürftigen Rahmen, innerhalb dessen die Leistungsstandards in einem mehrstufigen Verfahren konkretisiert werden müssen. Die Anerkennung dieses Zusammenhangs ist ein entscheidender Schritt zu einer interessengerechteren Strukturierung des Krankenversicherungsrechts. Das alte „Trennungs"-Paradigma ist aufgegeben. Der Weg zu einer stärker individualrechtlichen Fundierung des öffentlichen Gesundheitswesens ist eröffnet. Das Ziel zu erreichen verlangt freilich noch erhebliche Anstrengungen, die traditionelle Dogmatik zu verändern.

1. Aufgaben der Ausschüsse

In dieses Stufenkonzept eingegliedert sind auch die Steuerungsaufgaben der Bundesausschüsse, ohne daß die durch die veränderte Zuordnung von Leistungs- und Leistungserbringungsrecht gewandelte Stellung dieser Ausschüsse bisher rechtsdogmatisch konsequent verarbeitet wären. Zunächst als Gremien des Interessenausgleichs zwischen Ärzteverbänden und Krankenkassen 1913 gegründet, seit 1924 in die Reichsversicherungsordnung aufgenommen (Art. 368a-368f), haben die Ausschüsse durch zahlreiche Novellen des SGB V gerade in jüngerer Zeit immer weiterreichende Kompetenzen übertragen bekommen, so daß sie heute als „kleiner Gesetzgeber" des Krankenversicherungsrechts gelten[227].

Besonders wichtig ist ihre Befugnis, *Richtlinien* zu erlassen[228]. Nach § 92 Abs. 1 SGB V beschließen die Ausschüsse die zur Sicherung der ärztlichen Versorgung erforderlichen Richtlinien über die Gewähr für eine ausreichende, zweckmäßige und wirtschaftliche Versorgung der Versicherten. Gegenstände von Richtlinien sind sowohl die ärztliche Behandlung allgemein (Nr. 1) als auch bestimmte Maßnahmen, z.B. zur Früherkennung von Krankheiten (Nr. 3). Wichtige Fragen regeln ferner die Richtlinien zur Einführung neuer Untersuchungs- und Behandlungsmethoden (Nr. 5) sowie die Richtlinien für die Verordnung von Arzneimitteln (Nr. 6).

---

[226] Zusammenfassend BSGE 81, 55 (57 ff.) und 73 (76 ff.); dazu *I. Heberlein*, Paradigmenwechsel in der Krankenversicherung, VSSR 1999, 123 (136 ff.).
[227] Vgl. *Wahl*, Kooperationsstrukturen (Fn. 4), 313 ff.; auch *A. Tempel-Kromminga*, Die Problematik der Richtlinien der Bundesausschüsse der Ärzte und Krankenkassen nach dem neuen Recht des SGB V, 1994, 9 ff.
[228] Vgl. *F. E. Schnapp*, Aktuelle Rechtsquellenprobleme im Vertragsarztrecht, SGb 1999, 22 ff.

Im Verfahren der Richtliniengebung ist bestimmten Leistungser-
bringern und ihren Berufsverbänden die Gelegenheit zur Anhörung oder
Stellungnahme eingeräumt. Wie der Bundesausschuß seine Entscheidungen im übrigen vorbereitet, ist gesetzlich nicht geregelt. Auch sonst ist sein
Verfahrensrecht nur rudimentär entwickelt[229]. Es gilt eine vom Ausschuß
selbst erlassene Geschäftsordnung, die die Nichtöffentlichkeit von Sitzun-
gen, die Vertraulichkeit von Beratungen, die Abstimmung mit einfacher
Mehrheit und die Möglichkeit, zur Vorbereitung Arbeitsausschüsse zu bilden, regelt. Die beschlossenen Richtlinien sind dem Bundesminister für
Gesundheit vorzulegen, der sie innerhalb einer Frist von zwei Monaten
beanstanden kann[230]. Ordnungsgemäß zustandegekommene Richtlinien
werden im Bundesanzeiger bekanntgemacht (§ 94 SGB V).

Entscheidungen der Bundesausschüsse, z.B. zur Verordnungsfähigkeit
neuer Arzneimittel, haben gerade in jüngerer Zeit wiederholt die Auf-
merksamkeit der Tagespresse gefunden. Im juristischen Schrifttum stehen
ihre Rechtsstellung, ihre Verfahren und ihre Legitimation seit einigen Jahren im Rampenlicht[231]. Als solche kann die Einbeziehung von Ausschüs-
sen in die Entfaltung des diffizilen Zusammenhangs zwischen Leistungs-
und Leistungserbringungsrecht in der GKV durchaus sinnvoll sein. Wichtig ist jedoch, daß ihr organisationsrechtlicher Status, ihre Kompetenzen
und die Rechtswirkungen ihrer Entscheidungen hinreichend klar erfaßt
werden und das „Korrespondenzgebot", d.h. den Zusammenhang zwischen beanspruchter Wirkung und legitimatorischer Grundlage, beachten.

2. Das Legitimationskonzept

Die Bundesausschüsse werden von den Kassenärztlichen Bundesvereinigungen, den Bundesverbänden der Krankenkassen, der Knapp-
schaft und den Verbänden der Ersatzkassen gebildet. Sie sind im Grund-

---

[229] Zutr. Kritik bei *Heberlein*, Paradigmenwechsel (Fn. 226), 123 (150 ff.).

[230] Das Beanstandungsrecht ist nach h.M. auf eine reine Rechtmäßigkeitskontrolle beschränkt, vgl. *M. Kaltenborn*, Richtlinien durch ministerielle Ersatz-
vornahme, VSSR 2000, 249 (267). Geschäftsordnung vom 25. 5. 1994 (BAnz Nr.
128 vom 12. 7. 1994), zuletzt geändert am 1. 10. 1997 (BAnz Nr. 212 vom 13.
11. 1997).

[231] *P. Axer*, Normsetzung der Exekutive in der Sozialversicherung, 1999, 116
mit Nachweisen in Fn. 664; *F. Ossenbühl*, Verfassungsrechtliche Fragen des
Regelungsinstrumentariums in der gesetzlichen Krankenversicherung, Rechtsgut-
achten (maschinenschriftlich), 1998; weitere Nachweise bei *Schnapp/Kaltenborn*
(Fn. 124), 101 (105).

satz gruppenparitätisch zusammengesetzt: 9 Vertretern der Ärzte stehen 9 Vertreter der Krankenkassen gegenüber. Die Vertreter der Ärzte werden von der Kassenärztlichen Bundesvereinigung, die Vertreter der Krankenkassen von den Bundesverbänden der Krankenkassen bestellt. Wie diese Bestellungen verbandsintern zu erfolgen haben, sagt das Gesetz nicht. Hinzu treten drei sog. unparteiische Mitglieder, aus denen auch der Vorsitzende kommt. Über diese drei Mitglieder sollen sich die gruppenparitätischen Akteure einigen; kommt eine Einigung nicht zustande, so beruft der Bundesminister für Gesundheit diese drei Mitglieder „im Benehmen" mit den Akteuren. Alle Mitglieder führen ihr Amt als Ehrenamt; an Weisungen sind sie nicht gebunden. Die Aufsicht über die Geschäftsführung der Ausschüsse führt der Bundesminister für Gesundheit.

Für die Kompetenzen folgenreich und außerordentlich umstritten ist die Frage, in welcher Organisationsrechtsform die Bundesausschüsse verfaßt sind[232]. Das SGB V trifft dazu jedenfalls keine Feststellung. Oft werden die Ausschüsse als Einrichtungen der „gemeinsamen Selbstverwaltung" eingestuft (a). Es mehren sich aber die Stimmen, in ihnen Gremien sachverständiger Interessenrepräsentanz zu sehen (b).

a) Keine Selbstverwaltungssubstanz

Als Einrichtungen der sog. gemeinsamen Selbstverwaltung mit selbständigen Normsetzungsbefugnissen sind die Bundesausschüsse in jüngerer Zeit vom 6. Senat des Bundessozialgerichts behandelt worden. Im „Methadon"-Urteil vom 20. 3. 1996 sieht der Senat die gemeinsame Selbstverwaltung von Ärzten und Krankenkassen als Ausdruck des in der GKV herrschenden Naturalleistungsprinzips[233]: Dieses Prinzip setze Rechtsbeziehungen zwischen den Krankenkassen und den leistungserbringenden Ärzten voraus; das wiederum erfordere die Möglichkeit gemeinsamen Entscheidens. Weiter heißt es in diesem Urteil: „Wird eine gemeinsame Selbstverwaltung als zulässiges Regelungsinstrument akzeptiert, ist die Zuweisung von Normsetzungsbefugnissen an die Vertragsparteien der gemeinsamen Selbstverwaltung notwendige Konsequenz". – „Entfiele die Befugnis zur Normsetzung, wäre die tatsächliche Wahrnehmung einer gemeinsamen Selbstverwaltung von Ärzten und Krankenkassen weitge-

---

[232] *Tempel-Kromminga*, Richtlinien (Fn. 227), bes. 106 ff.; *Ossenbühl*, Regelungsinstrumentarium (Fn. 231), 65 ff.
[233] BSGE 78, 70 (79).

hend obsolet". Die Bundesausschüsse sollen nach diesem Konzept die Form von „Anstalten des öffentlichen Rechts mit begrenzter Rechtsfähigkeit" haben, denen Satzungsautonomie zukomme.

Diese Qualifikation kann nicht überzeugen: Der Begriff der „gemeinsamen Selbstverwaltung" ist als solcher irreführend[234]. Er verdeckt, daß der Sachbereich wesentlich stärker von Interessengegensätzen als durch Interessenhomogenität geprägt wird[235]. Dabei ist nicht nur auf das Verhältnis der Vertragsärzte zu den Krankenkassen abzustellen, sondern von einer *dreipoligen Interessenkonstellation* auszugehen, in der auch die Patienten eine Rolle spielen müssen. Die dominierend gruppenparitätisch geprägte Besetzung der Bundesausschüsse spiegelt diese dreipolige Interessenkonstellation nicht hinreichend wider. Zutreffend heißt es in einem Urteil des Landessozialgerichts Niedersachsen vom 23. 3. 2000 dazu[236]: „Schon diese paritätische Zusammensetzung aus Arbeitnehmern und Arbeitgebern erlaubt der überwiegenden Mehrzahl der Krankenkassen keine Wahrnehmung allein der Interessen der Versicherten. Hinzu kommt, daß die Krankenkassen als Körperschaften des öffentlichen Rechts selbständige Rechtspersonen sind. Als solche haben sie eigene Interessen, die sich nicht mit den Interessen der sie tragenden Mitglieder decken." Mehr noch: die Zusammensetzung der Bundesausschüsse besitzt nicht einmal eine tragfähige Selbstverwaltungsbasis zwischen Kassen und Ärzten als den beiden Hauptakteuren; denn zu einer solchen wollen die sog. unparteiischen Mitglieder, die notfalls vom Ministerium ernannt werden, nicht passen. Über eine autonome Legitimation verfügen die Bundesausschüsse folglich nicht. Sind schon die Friedenswahlen bei den Krankenkassen eine Belastung für jedes Legitimationskonzept, so machen es die aufgezeigten Legitimationssprünge in diesem Mischmodell vollends unmöglich, von einem hinreichenden Zusammenhang zwischen Legitimationssubjekten und Entscheidungsbetroffenen zu sprechen[237].

---

[234] Ebenso *Schulin* (Fn. 80), § 6 Rn. 97 ff.; noch deutlicher *Ossenbühl*, Regelungsinstrumentarium (Fn. 231), 73: „Falschetikettierung".
[235] Ähnlich *Heberlein*, Paradigmenwechsel (Fn. 226), 123 (149 f.).
[236] LSG Nds NZS 2001, 32 (35).
[237] Ebenso die bei *Schnapp/Kaltenborn*, Berufsausübung niedergelassener Ärzte (Fn. 124), 101 (105) in Fn. 48 nachgewiesene Literatur, ferner *Th. Koch*, Normsetzung durch Richtlinien des Bundesausschusses der Ärzte und Krankenkassen, SGb 2001, 109 ff.; *Castendiek* (Fn. 221), 71 (76).

b) Funktionen als Sachverständigengremium

Auf der anderen Seite soll daran erinnert werden, daß Fragen medizinisch notwendiger, zweckmäßiger und wirtschaftlicher Versorgung in hohem Maße von Sachverständigenbewertungen abhängig sind. Richtig verstanden liegen die Aufgaben der Bundesausschüsse genau an diesem Punkt. Davon geht, ohne zur Rechtsnatur und Legitimation der Ausschüsse im einzelnen Stellung zu nehmen, ersichtlich auch eine Kammerentscheidung des Bundesverfassungsgerichts vom 25. 2. 1999 aus[238]. Die angemessene legitimatorische Organisation der Sachverständigenberatung zwingt nicht dazu, die Legitimationserfordernisse der hierarchischen Verwaltung Punkt für Punkt zu erfüllen. Pluralistische Sachverständigengremien können in erheblichem Umfange Vorklärungen bewirken und Vorentscheidungen treffen, die freilich einer Rezeption oder Bestätigung durch vollegitimierte Instanzen bedürfen. Das Legitimationskonzept strahlt folglich auf die Aufgabensystematik und die Entscheidungswirkungen aus.

III. Der Streit um die Rechtsverbindlichkeit von Richtlinien

Die hier aufscheinenden Spannungen zwischen legitimationstauglicher Organisation und verfassungsrechtlich begrenztem Steuerungsanspruch lassen sich am Beispiel der Richtlinien verdeutlichen, die die wichtigste Äußerungsform der Bundesausschüsse sind (vgl. oben II 1).

1. Typische Regelungsinhalte

Zu einem beträchtlichen Teil formulieren Richtlinien nur die allgemein anerkannten Standards ordnungsgemäßer ärztlicher Aufgabenerfüllung, z.B. bei der Anwendung diagnostischer oder therapeutischer Methoden. So wird gegen eine Vorschrift, dergemäß Arzneimittelverordnungen nur vorgenommen werden dürfen, wenn der behandelnde Arzt sich vom Zustand des Patienten überzeugt hat, kaum etwas einzuwenden sein (Nr. 11 Arzneimittel-RL). Auch die Feststellung der MutterschaftsRL (Nr. 6), es sollten nur Maßnahmen angewendet werden, deren diagnostischer und

---

[238] BVerfG (K), NJW 1999, 3404 (3405); im Ergebnis ebenso *Ossenbühl*, Regelungsinstrumentarium (Fn. 231), 69 mit weiteren Nachweisen.

therapeutischer Wert ausreichend gesichert sei, mag man noch widerspruchslos akzeptieren, selbst wenn der in § 2 Abs. 1 S. 3 SGB V genannte medizinische Fortschritt dabei etwas zu kurz zu kommen scheint. Eindeutig originär zuteilende und in diesem Sinne politisch durchaus kontroverse Entscheidungen mit unmittelbarer Steuerungswirkung für das Arzt-Patienten-Verhältnis werden aber dort gefällt, wo bestimmte Arzneimittel nicht verordnet werden dürfen (z.B. Nr. 17.1 Arzneimittel-RL). Hier ist der eigenständige Steuerungsanspruch unübersehbar, und hier werden damit auch die verfassungsrechtlichen Folgefragen unausweichlich.

2. Das Problem im Spiegel der Rechtsformenfrage

In Rechtsprechung und Literatur werden diese Fragen vorrangig als Fragen nach der Rechtsform der Richtlinien behandelt[239]: Können Richtlinien den Verbindlichkeitsgrad einer Rechtsverordnung oder einer Satzung beanspruchen? Sind sie Bestandteile normsetzender Verträge oder doch nur empfehlende Verlautbarungen? Daß Richtlinien nicht als *Satzungen* interpretiert werden können, ist oben bereits herausgearbeitet worden. Die Bundesausschüsse sind keine Träger funktionaler Selbstverwaltung. Aber auch die Form der *Rechtsverordnung* scheidet aus. Das ministerielle Beanstandungsrecht des § 94 Abs. 1 S. 2 SGB V macht den zuständigen Minister nicht zum Delegatar einer gesetzlichen Verordnungsermächtigung. Erst recht kann der Ausschuß selbst nicht als ermächtigte Instanz anerkannt werden; es fehlt dazu an allen förmlichen und organisatorischen Voraussetzungen.

Eher schon ließe sich daran denken, die Richtlinien als Bestandteile *normsetzender Verträge* anzusehen. Das deutet immerhin § 92 Abs. 8 SGB V an, demzufolge die Richtlinien Bestandteil der Bundesmantelverträge sind, die die Kassenärztlichen Bundesvereinigungen mit den Spitzenverbänden der Krankenkassen vereinbaren und die ihrerseits Bestandteil der Gesamtverträge sind, die auf Landesebene zwischen den Landesverbänden der Krankenkassen und den Kassenärztlichen Vereinigungen geschlossen werden (§ 82 Abs. 1 i.V.m. § 83 SGB V). Für das Leistungserbringungsrecht und damit für den einzelnen Arzt ergibt sich eine Bindung

---

[239] Vgl. LSG Nds NZS 2001, 32 (34 ff.); *Wahl,* Kooperationsstrukturen (Fn. 4), 357 ff.; ausführlich zu den Rechtsformen im Sozialversicherungsrecht *Axer,* Normsetzung (Fn. 231), 117 ff.

an Richtlinien dann aus § 95 Abs. 3 S. 2 SGB V. Betrachtet man jedoch mit der neueren Rechtsprechung das Recht der Leistungserbringer und das Leistungsrecht als eine systematische Einheit, so geht es nicht an, die Gestaltung der Leistungsbeziehungen Gremien zu überlassen, in denen die leistungsberechtigten Patienten nur unzulänglich repräsentiert sind. Vergleichbares gilt im Blick auf die nicht-ärztlichen Leistungserbringer, die gegenüber den Bundesausschüssen zwar stellungnahmeberechtigt sein mögen, nicht aber in ihnen vertreten sind. Die Interessenkomplexität im Gesundheitswesen widerstreitet einem in die Formen des öffentlichen Rechts gegossenen gruppenparitätischen Steuerungsmodell, in dem nur Kassen und Kassenärztliche Vereinigungen repräsentiert sind. Die Anerkennung der Determinationskraft des Leistungserbringungsrechts für das Leistungsrecht wirkt nicht nur in *eine* Richtung, sondern bedeutet umgekehrt, daß die Berechtigten des Leistungsrechts im Leistungserbringungsrecht vertreten sein müssen. Die Rechtsprechung ist, nachdem sie den Zusammenhang beider Rechtsgebiete zutreffend herausgearbeitet hat, auf halbem Wege stehen geblieben. Sie versucht zwar, wirklich kritische Entscheidungen wie strikte Leistungsausschlüsse der Kompetenz der Bundesausschüsse mehr und mehr zu entziehen[240]. Dabei wird jedoch nur auf die konkrete gesetzliche Ausgestaltung, nicht aber auf den Regelungszusammenhang abgehoben.

Dieser Zusammenhang aber ist es, der es auch verwehrt, die Richtlinien als *Rechtsquellen sui generis* mit Verbindlichkeitswirkung gegenüber den Patienten einzustufen. Der Gesetzgeber ist zwar nicht verpflichtet, die untergesetzliche Normsetzung auf die vertrauten Typen zu begrenzen; er kann vielmehr auch neue Handlungsformen schaffen. Das Grundgesetz ist insoweit „formenoffen"[241]. Doch müssen alle Rechtsformen und damit auch die neuen Rechtsformen die Grundanforderungen der Legitimationslehre beachten. Diese verwehrt es, die Bürger unbegrenzter Rechtsetzungsmacht Dritter auszuliefern. Daran können auch die oft beschworenen Traditionen des Sozialversicherungsrechts nichts ändern. In der derzeitigen Ausgestaltung des Regelungssystems lassen sich die Richtlinien folglich nicht als Rechtssätze mit eigenständiger Verbindlichkeit gegenüber den Versicherten qualifizieren[242].

---

[240] So BSG (8. Senat), Urt. vom 30. 9. 1999, BSGE 85, 36 ff.; und BSG (1. Senat), Urt. vom 16. 11. 1999, BSGE 85, 132 ff.
[241] So zutreffend *Axer*, Normsetzung (Fn. 231), 208 ff.
[242] Ebenso mit weiteren Nachweisen LSG Nds NZS 2001, 32 (37); *Koch*, Normsetzung (Fn. 237), 109 ff.; a.M. mit weiteren Nachweisen *Axer*, Normsetzung (Fn. 231), 122.

3. Wege der Ausgestaltung de lege ferenda

Für die erforderlichen Änderungen der gesetzlichen Grundlagen kommen drei Wege in Betracht:

a) Umbau der funktionalen Selbstverwaltung

Denkbar wäre es, die Besetzung der Bundesausschüsse so zu verändern, daß sowohl die Patienten als auch die nicht-ärztlichen Leistungserbringer, die von den Richtlinien erfaßt werden, so repräsentiert sind, daß insgesamt von einer interessengerecht strukturierten funktionalen Selbstverwaltung gesprochen werden kann. Das ist allerdings ein außerordentlich steiniger Weg[243]. Die heute schon komplizierten Stellungnahmevorschriften müßten in differenzierte Mitentscheidungsregelungen überführt werden. Insgesamt entstände daraus eine zusätzliche Verschränkung hybrider Steuerungstechniken, die eher zu mehr Unübersichtlichkeit und zu einer weiteren Verfestigung der traditionellen korporatistischen Strukturen des Gesundheitswesens führte. Diesen Weg zu beschreiten verlangt jedenfalls noch weitere Forschungsarbeiten über adäquate Partizipationsformen im Gesundheitswesen (vgl. oben B III 2).

b) Staatliche Verordnungsgebung

Ein höheres Maß an Rechtsklarheit wird demgegenüber erreicht, wenn die Bundesausschüsse in ihrer bisherigen Form auf den Erlaß gutachterlicher Empfehlungen beschränkt werden, die verbindlichen gesetzeskonkretisierenden Entscheidungen aber der ministeriellen Verordnung vorbehalten bleiben. Im Verfahren der Verordnungsgebung kann den Gutachten der Ausschüsse eine herausgehobene Stellung eingeräumt werden. Die Letztentscheidungskompetenz bliebe solchenfalles jedoch bei den demokratisch legitimierten Regierungsinstanzen. Das SGB V kennt durchaus diesen Weg der Verordnungsgebung zur Leistungsbestimmung mit entsprechend anspruchsvollen Verfahrensregelungen, z.B. für die Aufstellung von Arzneimittellisten (§§ 33a, 34 Abs. 3). Technische Schwierigkeiten können es folglich nicht sein, die der Nutzung dieses regulären Steuerungsmittels

---

[243] Vgl. *M. Danner*, Mitwirkung von Patientenvertretern (Fn. 196), 468 ff.; positiver *Castendiek* (Fn. 221), 71 (79).

entgegenstehen[244]. Auch den Anforderungen an Art. 80 Abs. 1 S. 2 GG kann bei entsprechender Anspannung der gesetzgeberischen Vorbereitungsarbeiten entsprochen werden. Jedenfalls ist eine Rechtsetzung des Bundesausschusses wegen der brüchigen Legitimationsgrundlagen nicht in der Lage, die für Rechtsverordnungen geltenden Maßstäbe gesetzlicher Programmierung zu unterlaufen. Rechtsverordnungen schaffen die erforderliche Rechtssicherheit – auch im Blick auf die gerichtliche Behandlung von Einzelfällen.

c) Richtlinien als normkonkretisierende Verwaltungsvorschriften

Ein Mittelweg könnte es sein, die Regelungen durch Rechtsverordnung auf solche Gegenstände zu konzentrieren, die abschließend bewertet werden können und von gewisser Dauer sein sollen. Die Richtlinien derzeitigen Zuschnitts wären demgegenüber auf solche Gegenstände zu beschränken, für die sich mangels hinreichender Kenntnisse zunächst nur eine vorläufige Regelung empfiehlt, die periodisch überprüft werden muß und deren Wirkung im gerichtlichen Streitfall durch Gegendarlegungen überwunden werden kann[245]. Diese Regelungstechnik einer bloßen Vermutungswirkung ist aus dem Technik- und Umweltrecht bekannt. Das entsprechende Institut der Rechtsdogmatik ist die normkonkretisierende Verwaltungsvorschrift[246]. Bei ihrer Übertragung in das Krankenversicherungsrecht muß freilich bedacht werden, daß Richtlinien der Bundesausschüsse anders als Technische Anweisungen nicht an der allgemeinen demokratischen Legitimation ministerieller Verwaltungsvorschriften teilhaben. Für harte *Rationierungsentscheidungen* im Gesundheitswesen sind sie folglich allenfalls für kurze Erprobungszeiten geeignet.

E. Von der Selbstregulierung zur Ausübung hoheitlicher Kompetenzen: Verteilungsentscheidungen im Transplantationswesen

Unsere Überlegungen sollen jedoch nicht auf die Rechtsverhältnisse der gesetzlichen Krankenversicherung beschränkt bleiben, sondern auf einen

---

[244] So im Ergebnis auch *R. Schimmelpfeng-Schütte,* Richtliniengebung durch den Bundesausschuß der Ärzte und Krankenkassen und demokratische Legitimation, NZS 1999, 530 (536 f.).
[245] In diese Richtung LSG Nds NZS 2001, 3.
[246] BVerwGE 72, 300 (320 f.); 107, 338 (340 f.).

anderen wichtigen Bereich des öffentlichen Gesundheitswesens erstreckt werden: das Transplantationswesen. Wenn es für die Aufgabe rechtsstaatlich-demokratischer Strukturierung eine besondere Herausforderung gibt, dann liegt sie hier! Hier ist jedes Ausweichen unmöglich: Was im Krankenversicherungsrecht noch als finanzielles Problem definiert und unter Anspannung des Solidargedankens letztlich monetär zu bewältigen sein mag, wird im Transplantationsrecht zur gnadenlosen Konkurrenz, in der Gesundheit gegen Gesundheit, Leben gegen Leben steht[247].

Was kann das Recht zur Lösung dieses Konflikts beitragen? Wenig sicher in der konkreten Zuteilungssituation. Angesichts der auf wenige Stunden reduzierten verfügbaren Zeitspanne zwischen Organentnahme und Implantation müßte eine transplantationsrechtliche Konkurrentenklage als weltfremde Konstruktion erscheinen. Um so wichtiger aber wird es, daß das gesamte Verteilungsgefüge rechtsstaatlich-demokratischen Grundsätzen entspricht, die zuständigen Entscheidungsgremien hinreichend legitimiert sind und die einschlägigen Verfahren transparent ablaufen (II). In diesem Rahmen ist dann auch über Möglichkeiten eines vorbeugenden Individualrechtsschutzes nachzudenken (III).

I. Das Regelungssystem des TPG

Zum besseren Verständnis der heutigen Rechtslage muß man sich bewußt halten, daß die bestehende Verteilungsorganisation aus punktuellen Abstimmungsvorgängen zwischen Krankenhäusern hervorgegangen ist, die praktischen Regeln folgten. Bestimmend war die Privatinitiative einzelner Ärzte und einzelner Krankenhäuser. Durch die systematische Erfassung größerer Einzugsgebiete sollten ausreichend große Gruppen von Patienten gebildet werden, für die die im Gebiet verfügbaren Organe nach besser abgestimmten Verträglichkeitskriterien verteilt werden konnten. Das gilt auch für das Entstehen der heute als Vermittlungsstelle fungierenden „Eurotransplant" (ET) im niederländischen Leiden. Die mit einer stärkeren institutionellen Verfestigung auftretenden Regelungsbedürfnisse wurden zunächst durch Verträge und durch selbstgesetzte Regeln, z.B. einen Transplantationskodex der Deutschen Transplantationsgesellschaft, gelöst. Wir haben es hier historisch mit einem Fall gesellschaftlicher Selbstregulierung zu tun[248].

Vgl. *Ach/Anderheiden/Quante*, Ethik (Fn. 37), 171 ff.; *J. Baltzer*, Transplantationsgesetz und Rechtsschutz, SGb 1998, 438 f.

[248] Vgl. *B. Holznagel*, Die Vermittlung von Spenderorganen nach dem geplanten Transplantationsgesetz, DVBl. 1997, 393 (394 f.). Zur Entwicklung fer-

1. Die Grundregelungen der §§ 9-12 TPG

Mit dem Transplantationsgesetz von 1997 sind dem Bereich erstmals gesetzliche Strukturen unterlegt worden. Vermittlungspflichtige Organe dürfen danach nur in zugelassenen Transplantationszentren übertragen werden (§ 9)[249]. Die Zulassung als Zentrum erfolgt nach § 108 SGB V oder für Privatkrankenanstalten nach § 30 GewO. Die Zentren sind bei der Organentnahme und der Organvermittlung zur Kooperation mit den entsprechenden Stellen verpflichtet; sie haben jede Organübertragung exakt zu dokumentieren. Sie sind es auch, die die Wartelisten der zur Transplantation angenommenen Patienten nach vorgegebenen Regeln führen müssen.

Für die Aufgabe der konkreten Organvermittlung sieht das Gesetz eine zentrale Vermittlungsstelle (§ 12) vor, die von den Spitzenverbänden der Krankenkassen, der Bundesärztekammer und der Deutschen Krankenhausgesellschaft bzw. den Bundesverbänden der Krankenhausträger errichtet oder beauftragt wird[250]. Sie muß auf Grund ihrer finanziell und organisatorisch eigenständigen Trägerschaft, der Zahl und der Qualifikation ihrer Mitglieder, ihrer betrieblichen Organisation sowie ihrer sachlichen Ausstattung die Gewähr dafür bieten, daß ihre Aufgaben nach den Vorschriften des TPG wahrgenommen werden. An die Tradition von Eurotransplant anknüpfend, gestattet das Gesetz, auch eine Stelle außerhalb Deutschlands zu beauftragen (§ 12 Abs. 2). Die Beziehungen zwischen den gründungsbefugten Verbänden und der Vermittlungsstelle sind durch Vertrag zu regeln, für den das Gesetz einen Mindestinhalt festgelegt hat (§ 12 Abs. 4). Der Vertrag bedarf der Genehmigung durch das Bundesministerium für Gesundheit und ist im Bundesanzeiger bekannt zu machen.

ner *K. Miserok/R. Sasse/A. Hall/B. Seidenath*, Transplantationsrecht des Bundes und der Länder mit Transfusionsgesetz, Kommentar, 2001, Einf. unter 1. *H. Lilie*, Wartelistenbetreuung nach dem Transplantationsgesetz, in: Festschrift für Deutsch, 1999, 643 ff.

[249] Vgl. *Deutsch*, Transplantationsgesetz (Fn. 163), 770 ff.; *H. Ch. Kühn*, Das neue deutsche Transplantationsgesetz, MedR 1998, 455 ff.; zur Rechtslage vor Erlaß des TPG vgl. *Ch. Conrads*, Eurotransplant und UNOS – Modelle der Organallokation?, MedR 2000, 300 ff.

[250] Darstellend *L. Ch. Nickel/A. Schmidt-Preisigke/H. Sengler*, Tranplantationsgesetz, Kommentar, 2001, § 12 Rn. 3 ff.

2. Der Beauftragungsvertrag von 2000
und die Tätigkeit von Eurotransplant

Der entsprechende Vertrag datiert vom 10. 4. 2000 und ist mit Euro-transplant, einer privatrechtlichen Stiftung niederländischen Rechts, als Auftragnehmerin geschlossen. Eurotransplant verpflichtet sich darin u.a., bei der Erfüllung ihrer Aufgaben die Regelungen des TPG einzuhalten, mit den Transplantationszentren zusammenzuarbeiten und die von diesen geführten Wartelisten in eine einheitliche Liste zusammenzuführen. Dazu werden Daten aller potentiellen Empfänger mit den dazugehörigen Angaben über Blutgruppe, Gewebetyp, Krankheitsursache, klinische Dringlichkeit u.a. in einer zentralen Datenbank gespeichert.

Der ET-Vertrag regelt auch das Verfahren, in dem Eurotransplant die Vermittlungsentscheidungen zu treffen hat (§ 5 ET-Vertrag). Dazu muß sie auf der Grundlage der Richtlinien der Bundesärztekammer zunächst eigene *Anwendungsregeln* aufstellen, bei denen organspezifisch vor allem die Blutgruppenkompatibilität, die Konservierungszeit, die Wartezeit und die Dringlichkeit zu berücksichtigen sind[251]. Sobald Eurotransplant ein Spenderorgan zur Vermittlung gemeldet wird, erstellt sie entsprechend diesen Regeln eine Liste der vorrangig geeigneten Patienten. Das geschieht in einem algorithmischen Berechnungsverfahren[252]. Danach bietet Eurotransplant das Organ demjenigen Transplantationszentrum an, bei dem der auf dieser Liste an erster Stelle stehende Patient gemeldet ist. Das ist die eigentliche *Vermittlungsentscheidung*. Die endgültige Entscheidung über die Tauglichkeit und Verwendungsmöglichkeit des angebotenen Organs für den jeweiligen Empfänger bleibt allerdings beim zuständigen Arzt des Transplantationszentrums.

Jede Änderung der Warteliste, jedes Organangebot und jede Vermitt-lungsentscheidung muß Eurotransplant unter Angabe von Gründen do-kumentieren. Die Auftraggeber überprüfen die Entscheidungen in regel-mäßigen Abständen, inwieweit sie den gesetzlichen und den vertraglichen Grundlagen sowie den Anwendungsregeln entsprechen. Eurotransplant hat dazu sämtliche vermittlungsrelevanten Unterlagen vorzulegen und die entsprechenden Auskünfte zu erteilen (§ 10 ET-Vertrag).

---

[251] Dazu *Nickel/Schmidt-Preisigke/Sengler*, Transplantationsgesetz (Fn. 250), § 12 Rn. 27; *Ach/Anderheiden/Quante*, Ethik (Fn. 37), 180 f.
[252] Vgl. *Gubernatis/Kliemt*, Organtransplantation (Fn. 38), 4 (6).

3. Die Richtlinien der Bundesärztekammer nach § 16 TPG

Eine wichtige Funktion weist das TPG den Richtlinien zu, die die Bundesärztekammer zu erstellen hat (§ 16). Die Richtlinien sollen den „Stand der Erkenntnisse der medizinischen Wissenschaft" *feststellen*. Die Einhaltung des Standes der Erkenntnisse wird vermutet, wenn die Richtlinien beachtet worden sind. Für die Organvermittlung sind die Richtlinien, die die Regeln zur Aufnahme in die Wartelisten festlegen (Nr. 2), und die Richtlinien über die eigentlichen Verteilungsregeln (Nr. 5) von herausragender Bedeutung. An der Erarbeitung der Richtlinien müssen Personen mit der Befähigung zum Richteramt und Personen aus dem Kreis der Patienten angemessen vertreten sein (§ 16 Abs. 2 TPG). Weitere Verfahrensregeln trifft das Gesetz allerdings insofern nicht. Über eine Mitwirkung staatlicher Stellen ist nichts gesagt.

Die Bundesärztekammer hat im November 1999 ein entsprechendes Regelwerk von insgesamt acht organspezifischen Richtlinien für Wartelisten und für die Organvermittlung verabschiedet[253]. Neben manchem Selbstverständlichen, z.B. zu Melde-, Dokumentations- und Qualitätssicherungspflichten, legen erst diese Richtlinien die notwendigen „harten" Auswahlkriterien fest. In den Wartelisten-Richtlinien sind z.B. die sog. Kontraindikationen, in den Richtlinien zu den Allokationsentscheidungen z.B. die Bedeutung von Wartezeiten und die Rolle der sog. hohen Dringlichkeit festgelegt.

II. Probleme demokratischer Legitimation

Fragt man nach der demokratischen Legitimation dieser Instanzen, so muß zunächst geprüft werden, inwieweit hier überhaupt *staatliche Entscheidungen* getroffen werden. Unstreitig dürfte immerhin sein, daß es sich um verbindliche Regelungen und nicht um bloße Empfehlungen oder rein technische Verrichtungen handelt, die die Transplantationszentren, die Bundesärztekammer und Eurotransplant vornehmen. Damit ist aber noch nicht gesagt, daß es Entscheidungen in Ausübung öffentlicher Gewalt sind, für die allein das Legitimationsgebot des Art. 20 Abs. 2 GG gilt. Es ließe sich immerhin daran denken, die entsprechenden Entscheidungen als Handeln Privater zu interpretieren, für die das TPG und das

---

[253] Bekanntgemacht in: DÄBl., 97. Jhg. 2000, Heft 7.

Ausführungsrecht nur einen äußeren Rahmen zur Verfügung stellen. Schließlich werden in Krankenhäusern – auch solchen in öffentlich-rechtlicher Trägerschaft – fortlaufend lebenswichtige Entscheidungen getroffen, ohne daß diese notwendig als Ausdruck öffentlicher Gewalt zu interpretieren sind. In diese Richtung gingen in der Tat die Vorstellungen des Gesetzgebers. In der Amtlichen Begründung des Gesetzentwurfs heißt es dazu[254]: „Die Organvermittlung ist keine zwingende Staatsaufgabe. Der Gesetzgeber muß allerdings durch Rechtsvorschriften die Gewähr für eine sachgerechte Verteilung der knappen Spenderorgane an geeignete Empfänger im Rahmen der Möglichkeiten des gesundheitlichen Versorgungssystems schaffen. Er kann sich dazu entsprechend dem Subsidiaritätsgrundsatz privatrechtlicher Mittel, insbesondere vertraglicher Regelungen, durch die Verbände der Betroffenen bedienen". Die Option des Gesetzgebers für eine „privatrechtliche Lösung" diente erkennbar dem Ziel, die bisher schon tätige niederländische Vermittlungsstelle Eurotransplant auch weiterhin mit der Vermittlung betrauen zu können, ohne die sonst für die Übertragung von Hoheitsrechten auf Stellen anderer Staaten einschlägigen völkerrechtlichen Rahmenbedingungen beachten zu müssen[255].

Fraglich ist jedoch, ob diese gesetzgeberischen Absichten sich mit den getroffenen Regelungen haben verwirklichen lassen. Immerhin sind erst mit der Neuregelung für die Transplantationszentren ein Implantationsmonopol und für Eurotransplant ein Vermittlungsmonopol begründet worden. Ein Gesetzgeber hat bei der Grenzziehung zwischen dem, was zur organisierten Staatlichkeit gehören und was gesellschaftlicher Selbstregulierung überlassen bleiben soll, zwar einen erheblichen Gestaltungsspielraum[256]. Letztlich aber kann es nicht von seinem Willen abhängen, ob Instanzen, die unstreitig vielfältig in einen gesetzlichen Regelungszusammenhang eingebunden sind, dem Gebot demokratischer Legitimation genügen müssen oder nicht. Auch eine privatrechtliche Ausgestaltung entzieht die entsprechenden Organe keineswegs dem Legitimationsgebot des Art. 20 Abs. 2 GG[257]. Entscheidend sind die konkret zugewiesenen Kompetenzen. Haben sie die Dichte staatlicher Regelungsbefugnisse, so hilft es nicht, daß sich der Gesetzgeber etwas anderes vorgestellt hatte. Eine demokratische Legitimation ist dann unverzichtbar. Das zwingt dazu, für die an den Vermittlungsvorgängen beteiligten Instanzen jeweils

---

[254] BT-Drs. 13/4355, 14 unter Nr. 5.
[255] Dazu *Holznagel*, Vermittlung von Spenderorganen (Fn. 248), 393 (396 f.).
[256] Zur grundrechtlichen Seite dieser Problematik vgl. *Ch. Möllers*, Staat als Argument, 2000, 305 ff.
[257] *Böckenförde*, in: Isensee/Kirchhof (Fn. 65), § 22 Rn. 13.

gesondert zu prüfen, ob sie gesellschaftliche Macht oder staatliche Hoheitsgewalt ausüben, mit der sie beliehen oder in die sie sonst eingebunden
worden sind.

1. Aufgaben der Transplantationszentren

Als solche nicht Träger öffentlicher Gewalt sind die Transplantationszentren. Unter ihren Aufgaben dominieren die medizinischen Funktionen. Rechtlich entfalten sie ihre Kompetenzen für Privatpatienten im
Rahmen eines privatrechtlichen Dienstvertrages im Sinne des § 611 BGB,
für Kassenpatienten im Rahmen eines Krankenversicherungsverhältnisses
nach dem SGB V[258]. Daß die Übertragung der vermittlungspflichtigen
Organe allein ihnen zukommt, begründet für sie noch keine staatliche
Stellung. Auch ihre Zulassung nach Maßgabe des SGB V oder nach der
Gewerbeordnung tut das nicht; es geht insofern um präventive Aufsicht,
nicht um Beleihung. Eindeutig ist das für ihre gesetzlichen Pflichten zur
Dokumentation, zur psychischen Betreuung der Patienten und zur Quali-
tätssicherung festzustellen. Nicht ganz sicher erscheint dagegen die Einstufung derjenigen Tätigkeiten, die die Transplantationszentren im Blick
auf die Wartelisten wahrnehmen (§ 10 Abs. 2 TPG). Sie entscheiden
dabei über die Annahme der Patienten zur Organübertragung und über
ihre Aufnahme, eventuell auch über ihre spätere Herausnahme aus der
Warteliste. Man könnte darin, wenn man vergleichend die Rechtslage bei
der Vergabe von Studienplätzen heranzieht, eine typische Tätigkeit vertei-
lender Verwaltung sehen. Die Gesetzesbegründung qualifiziert die Entscheidungen jedoch als Bestandteil des jeweiligen Behandlungsvertrages
mit dem Krankenhaus[259]. Sie haben dann für die in der GKV Versicherten öffentlich-rechtlichen Charakter, sind jedoch nicht Ausdruck staatlicher Gewalt, sondern letztlich vertraglicher Gestaltung. Dafür dürften
auch die „parallelen" Rechtsverhältnisse der Privatpatienten sprechen.

2. Die Bundesärztekammer und ihre Richtliniengebung

Auch bei der Bundesärztekammer und ihrer Richtliniengebung herrschen
dem äußeren Bilde nach Merkmale privater Selbstregulierung vor: Die

---

[258] So auch *Baltzer*, Transplantationsgesetz (Fn. 247), 437 (439 f.).
[259] So BT-Drs. (Fn. 254), 22 zu Abs. 2 Nr. 1.

Kammer ist eine Arbeitsgemeinschaft der Landesärztekammern. Sie besitzt keine eigene Rechtsfähigkeit, insbesondere ist sie selbst keine Körperschaft des öffentlichen Rechts; darin unterscheidet sie sich grundlegend z.B. von der Kassenärztlichen Bundesvereinigung. Die Literatur bezeichnet sie als nicht rechtsfähigen Verein privaten Rechts[260], dessen Mitglieder freilich juristische Personen des öffentlichen Rechts sind. Die Mitgliedschaft ist aber nicht obligatorisch. In Gesetzen wird die Bundesärztekammer mehrfach in Bezug genommen; eine eigene gesetzliche Grundlage besitzt sie jedoch nicht. Ihre Basis ist vielmehr eine vom Deutschen Ärztetag beschlossene Satzung[261], die unbeschadet der öffentlich-rechtlichen Natur der hinter ihr stehenden Landesärztekammern nicht Ausdruck gesetzlich verliehener Satzungsmacht, sondern Ergebnis vereinsrechtlicher Gestaltung ist. Die Kammer besitzt zwei Organe, die Hauptversammlung und den Vorstand (§ 3 Satzung). Die Hauptversammlung, der Deutsche Ärztetag, setzt sich aus den Vertretern der Ärztekammern zusammen. Sie faßt ihre Beschlüsse mit einfacher Mehrheit. Zur Bearbeitung einzelner Sachgebiete kann sie Ausschüsse bilden.

a) Richtlinien nach § 16 TPG als Akte öffentlicher Gewalt

Eine reiche Erfahrung bei der Formulierung medizinischer Standards in Empfehlungen, Leitlinien und Richtlinien kennzeichnet seit Jahren die Arbeit der Kammer[262]. Unbeschadet des hohen Maßes ihrer Anerkennung sind alle diese Normen jedoch keine Rechtsakte des öffentlichen Rechts, sondern der privaten Normsetzung. Sie unterscheiden sich darin z.B. von den Richtlinien der Bundesausschüsse nach § 92 SGB V[263].

Angesichts dieses Regelbefundes liegt es nicht fern, auch in den Richtlinien nach § 16 TPG Ergebnisse privater Normierungstätigkeit zu sehen. Auf der anderen Seite haben gerade diese Richtlinien für das gesamte Verteilungssystem des TPG eine *gesetzlich* besonders zuerkannte Schlüsselfunktion. Das belegt schon die in § 16 Abs. 1 S. 2 TPG angesprochene Vermutungswirkung. Wichtiger noch ist ihre Aufgabe, Eurotransplant

---

[260] *Kluth*, Funktionale Selbstverwaltung (Fn. 120), 484 ff.
[261] Heute in der vom 103. Deutschen Ärztetag 2000 beschlossenen Fassung, abgedruckt in: DÄBl., 97. Jhg., 2000, Heft 39.
[262] Dazu *B. Heerklotz*, Methodische und organisatorische Grundlagen bei der Entwicklung eines medizinischen Standards, in: Nagel/Fuchs (Hrsg.), Leitlinien und Standards im Gesundheitswesen, 1996, 84 ff.
[263] Dazu oben unter D III.

verbindliche Verteilungsvorgaben zur weiteren Konkretisierung an die Hand zu geben. § 5 ET-Vertrag ist eindeutig: Eurotransplant hat ihre eigenen Anwendungsregeln „auf der Grundlage" der Richtlinien der Bundesärztekammer zu erstellen (Abs. 1); zu Abweichungen ist sie nur unter genau definierten Voraussetzungen ermächtigt (Abs. 3). Die Bedeutsamkeit der Regelungsmaterie, die Staatsnähe der Regelungsinstanz und der spezifische Bindungscharakter der Regelungswirkungen – alle diese drei Faktoren führen dazu, in der Richtliniengebung der Bundesärztekammer speziell nach § 16 TPG eine Tätigkeit zu sehen, die der demokratischen Legitimation i.S. des Art. 20 Abs. 2 GG bedarf[264].

b) Lücken sachlich-inhaltlicher Legitimation

Daß die derzeitigen Regelungen ein hinreichendes Legitimationsniveau sicherstellen, erscheint jedoch äußerst zweifelhaft. Problematisch ist zum einen die sachlich-inhaltliche Legitimation. Dabei ist zunächst noch einmal hervorzuheben, daß die Richtlinieninhalte keineswegs nur rein medizinische Erkenntnisse wiedergeben, sondern manche Wertungen einschließen. Der Text des § 16 Abs. 1 TPG ist insofern irreführend, als er Aufgaben der „Feststellung" zuweist, und damit nahezulegen scheint, daß hier eine reine Notariatsfunktion ausgeübt wird. Das ist jedoch nicht der Fall[265]. Die Richtlinien treffen substantiell eigene Festlegungen. Die darin umgriffenen Wertungsmargen werden aber auch nicht durch aussagekräftige parlamentarische Vorgaben gesteuert. Wenn § 12 Abs. 3 TPG den Stand der medizinischen Wissenschaft „insbesondere nach Erfolgsaussicht und Dringlichkeit für geeignete Patienten" definiert wissen will, dann sind der Kammer damit alles andere als klar subsumierbare Gesetzesbegriffe an die Hand gegeben[266]. Die Amtliche Begründung des Gesetzentwurfs wird etwas deutlicher: Sie nennt für die Definition der „Erfolgsaussichten" u.a. die Gewebeverträglichkeit (insbesondere bei Nieren). Weiter heißt es aber:

---

[264] Im Ergebnis ebenso *W. Höfling*, in: ders., Kommentar zum Transplantationsgesetz (im Erscheinen), § 16: Fall der Beleihung.

[265] Vgl. *G. Feuerstein*, in: Feuerstein/Kuhlmann (Fn. 34), 193 (202 ff.); *Conrads*, Eurotransplant (Fn. 249), 300 (309); *Kühn*, Transplantationsgesetz (Fn. 249), 459; *K. Fleischhauer et alii*, Comparative report on transplantation and relevant ethical problems in five European countries, and some reflexions on Japan, TransplInt 2000, 266 (273).

[266] Ausführlich dazu *Th. Gutmann/W. Land*, Ethische und rechtliche Fragen der Organverteilung, in: Schmidt/Albert (Hrsg.), Praxis der Nierentransplantation, 1997, 92 (120 ff.).

„Darüber hinaus sind in angemessener Gewichtung weitere Umstände, die nach medizinischer Beurteilung Einfluß auf Dringlichkeit und Erfolg einer Transplantation haben können", einzubeziehen. Genannt wird beispielhaft die Wartezeit. Gerade diese Formulierungen machen deutlich, wie wenig der Gesetzgeber selbst vorentschieden und wie weit er der Richtliniengebung der Kammer die Konkretisierung zugewiesen hat. Entsprechend finden sich in den 1999 erlassenen Richtlinien neben medizinischen Aussagen, z.B. zur Blutgruppenkompatibilität, zahlreiche wertende Aussagen z.B. zur Gewichtung von Wartezeiten und zu psychosozialen Faktoren der Organempfänger (sog. Compliance-Regelungen).

Das alles sind durchaus sinnvolle oder mindestens vertretbare Erwägungen, die (auch) vom Fortschritt der medizinischen Wissenschaft abhängen und folglich nach dem, was oben über die Rollenverteilung zwischen parlamentarischem Gesetz und medizinischem Sachverstand gesagt worden ist[267], durch das TPG selbst kaum fest definiert werden konnten. Nur: Die sachlich-inhaltliche Legitimation der Richtliniengebung ist für sich genommen zu schwach. Sie müßte schon durch organisatorisch-personelle Elemente nachhaltig ausgeglichen werden, um insgesamt ein hinreichendes Legitimationsniveau zu gewährleisten.

c) Mängel personeller Legitimation

Immerhin läßt sich insofern darauf verweisen, daß das Parlament selbst in § 16 TPG eine entsprechende Betrauung der Bundesärztekammer vorgenommen hat. Die organisatorische Stellung der Kammer kann damit als akzeptiert angesehen werden. Jedenfalls spricht die privatrechtliche Rechtsform noch nicht notwendig gegen die Fähigkeit der Kammer, demokratisch legitimierte Entscheidungen zu treffen[268]. Die Mängel liegen im Verfahren der Richtliniengebung:

– Soweit es um die *Ausarbeitung* geht, liegt diese zwar bei einem Gremium, der „Ständigen Kommission Organtransplantation", in dem Experten versammelt sind. Das Gesetz trifft aber keine Regelungen dazu, wie diese Sachverständigen auszuwählen und dabei die in § 16 Abs. 2 genannten besonderen Anforderungen zu erfüllen sind.

---

[267] Vgl. oben A II.
[268] Kritisch zu diesem Punkte auch *Höfling*, in: ders., TPG-Kommentar (Fn. 264), § 16; *Deutsch*, Transplantationsgesetz (Fn. 163), 777 (782): Noch bedenklicher ist die Abtretung von Regelungsaufgaben an private Institutionen und deren Gründungsverträge.

– Die *Verabschiedung* der Richtlinien erfolgt durch den Vorstand der Bundesärztekammer. Dessen Mitglieder sind Repräsentanten funktionaler Selbstverwaltung. Doch um Selbstverwaltungsaufgaben der Ärzteschaft geht es hier nicht und folglich greift das Korrespondenzgebot[269]. Gefragt ist eine spezielle Expertenkompetenz im Transplantationswesen, die – wie § 16 Abs. 2 TPG indiziert – medizinische und ethische Kompetenzen in diesem Bereich voraussetzt. Mit der Amts- oder Wahlmitgliedschaft in Kammergremien des ärztlichen Berufswesens sind diese Kompetenzen keineswegs zwingend verbunden. Allgemeine medizinische Berufserfahrungen mögen bei der Beantwortung mancher Bewertungsfragen nützlich sein. Sie rechtfertigen angesichts der hochkomplizierten Materie die vorgesehene Entscheidungskompetenz des Vorstandes jedoch nicht. Vielmehr hat man hier zwei heterogene Legitimationskriterien, Sachverstand und Selbstverwaltung, in einer Weise verbunden, die dysfunktional wirkt[270]. Ein Ausgleich der lückenhaften sachlich-inhaltlichen Legitimation der Richtliniengebung ist damit de lege lata nicht zu erreichen[271].

d) Verfassungsrechtlich gebotene Verfahrensänderungen

Die Entscheidungsorganisation muß folglich umgebaut werden, wenn die Richtlinien ihre im Gesetz vorgesehene zentrale Steuerungsfunktion wirksam sollen ausüben können:

– Zum einen erscheint es notwendig, die pluralistische Organisation des Sachverstandes im Gesetz selbst deutlicher zu regeln, als das in § 16 Abs. 2 TPG geschehen ist. In das Zentrum ist die „Ständige Kommission Organtransplantation" zu rücken. Ihre Zusammensetzung und ihre Verfahrensweisen müssen, nach Maßgabe dessen, was das Bundesverfassungsgericht zum Rundfunk- und zum Indizierungsrecht gesagt hat[272], gesetzlich festgelegt werden.

– Außerdem muß eine Mitwirkung staatlicher Instanzen vorgesehen werden. Das könnte dadurch geschehen, daß der Erlaß der Richtlinien an das Einvernehmen der zuständigen Bundesoberbehörde gebunden wird. Im Gesetz zur Regelung des Transfusionswesens (TFG) von 1998 ist das

---

[269] Dazu oben unter C I 4.
[270] Kritisch ebenso *Haverkate* (Fn. 45), 126; *Höfling*, TPG-Kommentar (Fn. 264), § 16.
[271] Vgl. auch *Deutsch*, Transplantationsgesetz (Fn. 163), 777 (780); *Kühn*, Transplantationsgesetz (Fn. 249).
[272] Vgl. BVerfGE 83, 130 (151 f.).

zutreffend so vorgesehen worden (§§ 12 Abs. 1, 18 Abs. 1). Es fällt auf, daß das Transplantationsgesetz eine vergleichbare Regelung unterlassen hat. Ersichtlich wollte man jeden Anstrich von Staatlichkeit vermeiden, um die privatrechtlichen Konstruktionen zur Einbeziehung der ausländischen Stiftung Eurotransplant nicht zu gefährden. Damit hat der Gesetzgeber angesichts der weitreichenden Bedeutung der Richtlinien jedoch den verfassungsrechtlichen Rahmen überschritten.

3. Legitimationsfragen von Eurotransplant

Wie aber steht es um die Legitimation von Eurotransplant? Als privatrechtliche Stiftung niederländischen Rechts ist sie zwar nicht dem deutschen öffentlichen Recht, wohl aber den vertraglich vereinbarten Steuerungs- und Kontrollrechten deutscher Stellen unterworfen (§ 1 Abs. 4, § 10 ET-Vertrag). Das ist ein ungewöhnliches Modell. Verfassungsrechtlich einfach zu akzeptieren wäre es nur, wenn die Vermittlungsentscheidungen als rein medizinisch-praktische Vollzugsentscheidungen ohne eigene Bewertungsspielräume angesehen werden könnten[273]. Dafür könnte immerhin sprechen, daß sie nach einem festliegenden Algorithmus getroffen werden. Eurotransplant muß die Anwendungsregeln, die dem Algorithmus zugrunde liegen, jedoch selbst entwickeln. Sie hat das zwar auf der Grundlage der Richtlinien der Bundesärztekammer zu tun, die wichtige Punkte festlegen. Gleichwohl belassen ihr diese einen unbestreitbaren Ausformungsspielraum (vgl. § 5 Abs. 2 ET-Vertrag). Zudem ist Eurotransplant berechtigt, von den Richtlinien mit Einverständnis der Bundesärztekammer zeitlich befristet abzuweichen (§ 5 Abs. 7 ET-Vertrag). Von einer mechanisch-technischen Vollzugstätigkeit kann nach alledem nicht die Rede sein, ebensowenig von rein medizinischer Entscheidungstätigkeit. Dann aber muß davon ausgegangen werden, daß die Vermittlungsstelle wegen des ihr gesetzlich zuerkannten Vermittlungsmonopols in das Transplantationswesen in einer Weise eingebunden ist (§ 9 TPG), die – wäre sie eine Stelle deutschen Rechts – als Ausübung öffentlicher Gewalt einzustufen wäre[274].

---

[273] In diese Richtung argumentierend *Lilie*, Wartelistenbetreuung (Fn. 248), 662.

[274] Als Konsequenz einer freieren Stellung von Eurotransplant richtig gesehen bei *Lilie*, Wartelistenbetreuung (Fn. 248), 663 f.

a) *Übertragung von Hoheitsgewalt gemäß Art. 24 GG*

Die grundgesetzlichen Legitimationsanforderungen ergeben sich solchenfalles aus Art. 24 Abs. 1 GG. Diese Vorschrift ermächtigt und begrenzt die Übertragung von *Hoheitsrechten*. Darunter ist die Befugnis zum „Durchgriff", d.h. „zum Erlaß von Rechtssätzen und Einzelfallregelungen, deren Adressaten unmittelbar die Rechtssätze und Rechtsanwendungsorgane der staatlichen Rechtsordnung sind", zu verstehen[275]. Ob darüber hinaus auch schlicht-hoheitliches Handeln heute einzubeziehen ist, muß hier nicht entschieden werden. Die Vermittlungstätigkeiten von Eurotransplant haben Durchgriffscharakter. Sie betreffen unmittelbar die Grundrechtsberechtigten „in" Deutschland. Daß die endgültige Entscheidung über die Implantation des zugewiesenen Organs bei den zuständigen Ärzten des Transplantationszentrums liegt, ändert daran nichts. Die Hoheitsentscheidung zeigt sich vielmehr in der Empfängerauswahl, die zugleich einen Nachrang anderer Patienten anordnet.

Die Übertragung von Hoheitsrechten auf nicht-deutsche Stellen verlangt nach Art. 24 Abs. 1 GG auf jeden Fall ein Gesetz. Fraglich ist, ob in § 12 Abs. 2 TPG eine solche gesetzliche Grundlage gesehen werden kann. Die Vorschrift gestattet es, mit den Aufgaben der Vermittlungsstelle auch eine Einrichtung mit Sitz außerhalb Deutschlands zu beauftragen. Eurotransplant wird zwar nicht ausdrücklich genannt. Nach den Gesetzesmaterialien ist es aber unzweifelhaft, daß genau an diese Stelle gedacht war[276]. Es erschiene folglich nicht ganz ausgeschlossen[277], in § 12 Abs. 2 TPG wenigstens einen Teil der von Art. 24 Abs. 1 GG intendierten Übertragung von Hoheitsrechten zu sehen, selbst wenn der historische Gesetzgeber bei Schaffung des TPG für eine „privatrechtliche Lösung" optieren wollte.

b) *Keine zwischenstaatliche Einrichtung*

Dieser Weg, Eurotransplant vielleicht doch noch brauchbar in die deutschen Legitimationsstrukturen einzuordnen, scheitert jedoch an einer zweiten Voraussetzung: Art. 24 Abs. 1 GG ermöglicht die Übertragung

---

[275] *A. Randelzhofer*, in: Maunz/Dürig (Fn. 25), Art. 24 Rn. 30; *O. Rojahn*, in: v. Münch/Kunig, GG, Bd. 2, 3. Aufl. 1995, Art. 24 Rn. 19; *Classen*, in: v. Mangoldt/Klein/Starck (Fn. 66), Art. 24 Rn. 5 f.
[276] Dazu BT-Drs. 13/4355, 25.
[277] Enger aber BVerfGE 58, 1 (35 f.): nur „durch Gesetz".

von Hoheitsrechten nur auf *zwischenstaatliche Einrichtungen*. Das sind nach dem derzeitigen Verständnis durch völkerrechtlichen Vertrag geschaffene Internationale Organisationen[278]. Eurotransplant ist keine Internationale Organisation i.S. dieser Definition. Es fehlen ihr dazu alle völkerrechtlichen Grundlagen. Keine zwischenstaatlichen Einrichtungen i.S. des Art. 24 Abs. 1 GG sind Einrichtungen, die einem anderen Staat eingegliedert sind[279] oder von Privaten geschaffene Organisationen. Eurotransplant ist eine international wirkende Stiftung niederländischen Rechts. Sie ist zwar unter nachhaltiger Beteiligung deutscher Stellen, auch solcher mit öffentlich-rechtlicher Rechtsform, in das Vermittlungssystem eingegliedert worden. Der deutsche Gesetzgeber zeigt in § 12 Abs. 4 TPG zudem, wie sehr er die entsprechenden Vertragsschlüsse durch Vorgabe von Mindestinhalten mitbestimmen will. Gleichwohl bleibt die Eingliederung ein Vorgang, der nicht dem völkerrechtlichen Verkehr zwischen Staaten entstammt. Ob künftig einmal auch privat begründete international tätige nicht-gouvernementale Organisationen als zwischenstaatliche Einrichtungen angesehen werden können, mag hier offen bleiben. Selbst wenn das Staats- und das Völkerrecht sich in diese Richtung entwickeln sollten, hilft das nicht, um dem vom TPG eingerichteten Vermittlungssystem *derzeit* eine sichere verfassungsrechtliche Basis zu geben. Gerade darum aber muß es angesichts der existentiell bedeutsamen Entscheidungen, die in diesem Vermittlungssystem getroffen werden, gehen. An einer klaren völkerrechtlichen Regelung führt folglich kein Weg vorbei.

III. Rechtsschutz und Gerichtskontrolle

1. Die Grundfrage nach der Rechtsschutztauglichkeit des Transplantationswesens

Wenn abschließend zu Fragen des Rechtsschutzes und der gerichtlichen Kontrollen im Transplantationswesen Stellung genommen werden soll, so ist zunächst auf einen ganz elementaren Einwand einzugehen: Entziehen sich die Entscheidungen in diesem ernsten und existentiellen Gebiet – ganz unabhängig vom Zeitfaktor – nicht einem Zugriff, für den die Be-

---

[278] *Randelzhofer*, in: Maunz/Dürig (Fn. 25), Art. 24 Rn. 44.
[279] BVerfGE 2, 347 (378).

griffe „Streit", „Konkurrenz" und „Verurteilung" die wesentlichen Elemente sind? Ist es rechtsethisch überhaupt vertretbar, Menschen, die mit schwersten Leiden ringen, auch noch den Belastungen gerichtlicher Verfahren auszusetzen? Juristen, die Rechtsschutz und Gerichtsschutzgarantien oft für die „Krönung des Rechtsstaats" halten, tun gut daran, sich diesen Problemen der „psychischen Kosten des Rechtsstaats"[280] zu stellen. Wohltat und Zumutung liegen hier dicht beieinander. Das Transplantationsgesetz jedenfalls zeigt eine deutlich zurückhaltende Tendenz; es spricht Fragen des Rechtsschutzes an keiner Stelle an.

So verständlich Zweifel an der Rechtsschutztauglichkeit der Materie sein mögen, so darf das Recht selbst aus schwierigsten persönlichen Belastungssituationen nicht von vornherein exkludiert werden. Das hat mit einem generellen Mißtrauen gegenüber den verantwortlich tätigen Ärzten wenig zu tun. Es geht nicht um allgegenwärtige Kontrollen, sondern darum, *Möglichkeiten* der Überprüfung vorzusehen, die, wenn sie denn aus individuellen oder institutionellen Gründen einmal notwendig sein sollten, sinnvoll geordnet eingesetzt werden können. Das Prozeßrecht will hier nicht mehr als einen Rahmen bieten, der nicht genutzt werden *muß* und aller Voraussicht nach auch nur selten genutzt werden *wird*. Sich aber über einen solchen Rahmen Gedanken zu machen, verlangen die Rechtsschutzgarantien der Verfassung, Art. 19 Abs. 4 GG und die allgemeine rechtsstaatliche Justizgewährungspflicht[281].

2. Kontrollansätze und Rechtswegfragen

Gerade weil Gerichtskontrollen der konkreten Vermittlungsentscheidung wegen des Zeitfaktors praktisch nicht denkbar sind, ist über Möglichkeiten eines *präventiven Rechtsschutzes* nachzudenken. Als Ansätze hierzu kommen die Entscheidungen der Transplantationszentren (a), die Richtliniengebung der Bundesärztekammer (b) und die Anwendungsregeln von Eurotransplant in Betracht (c).

---

[280] In Anlehnung an *F. Scharpf*, Die politischen Kosten des Rechtsstaates, 1970.
[281] Dazu oben unter B II. Zur Bedeutung des Art. 19 Abs. 4 GG auch *Lilie*, Wartelistenbetreuung (Fn. 248), 663; *H. Lang*, Knappheitsentscheidungen im Sozialrecht (erscheint im VSSR 2001), unter D.

a) Wartelisten-Entscheidungen der Transplantationszentren

Wenn man nach hier vertretener Auffassung die Transplantationszentren nicht als mit Hoheitsgewalt beliehene Träger ansieht, richten sich die Fragen des Rechtsweges nach der Rechtsnatur des Behandlungsverhältnisses[282]. Bei *Privatpatienten* wird das unbeschadet der Rechtsform des Transplantationszentrums im Regelfall ein privatrechtlicher Vertrag sein, so daß Klagen z.B. über die Aufnahme eines Patienten in eine Warteliste oder seine Plazierung auf derselben nach § 13 GVG vor den ordentlichen Gerichten zu erheben sind[283]. Für *sozialversicherte Patienten* ist die Qualifizierung des Krankenhausverhältnisses zwischen Arztrechtlern und Sozialrechtlern nach wie vor streitig. Folgt man ersteren, so sind auch insofern die ordentlichen Gerichte zuständig. Bei einer öffentlich-rechtlichen Qualifikation des Krankenhausverhältnisses dagegen gelangt man zu einem Rechtsschutz durch die Sozialgerichte oder die Verwaltungsgerichte. Eine besondere Sachnähe zu sozialrechtlichen Materien besteht nur dem äußeren Bilde nach. § 51 SGG erfaßt genauer betrachtet die Fälle jedoch nicht. In der Literatur wird teilweise eine Analogie vorgeschlagen[284]. Mehr spricht jedoch dafür, insoweit von der Zuständigkeit der allgemeinen Verwaltungsgerichte auszugehen. Die richtige Klageart ist solchenfalles die allgemeine Leistungsklage, da die Regelungsbefugnisse des Transplantationszentrums nicht in Ausübung hoheitlicher Funktionen mittels Verwaltungsakts, sondern in vertraglicher Gestaltung wahrgenommen werden. Für den Erfolg aller Klagen ist entscheidend, ob die in § 10 Abs. 2 TPG vorgesehenen Aufnahmekriterien eingehalten sind. Diese Vorschrift gewährt Drittschutz. Ihre Nichtbeachtung stellt eine Verletzung des Behandlungsvertrages bzw. des sozialrechtlichen Leistungsverhältnisses dar[285].

b) Richtlinien der Bundesärztekammer

Ein wichtiger Anknüpfungspunkt für den Rechtsschutz im Transplantationswesen sind die Richtlinien der Bundesärztekammer. Wird in der Richtliniengebung die Ausübung hoheitlicher Funktionen gesehen, wie

---

[282] Dazu ausführlich *Lang*, in: Höfling, TPG-Kommentar (Fn. 264), § 10 Anm. II 4; *ders.*, VSSR (Fn. 281) unter E I.

[283] So *Lang*, in: Höfling, TPG-Kommentar (Fn. 264), 36.

[284] Vgl. *Baltzer*, Tranplantationsgesetz (Fn. 247), 437 (441).

[285] Vgl. *Lang*, in: Höfling, TPG-Kommentar (Fn. 264), 36 ff.

das oben entwickelt worden ist, so folgt die Notwendigkeit, gerichtliche Kontrollmöglichkeiten vorzusehen, aus Art. 19 Abs. 4 GG. Daß die Rechte der auf eine Transplantation angewiesenen Patienten nicht erst durch die konkrete Vermittlungsentscheidung, sondern schon durch die Programmierung derselben nachhaltig beeinflußt werden, ergibt sich aus der Bindung von Eurotransplant an die Richtlinien der Bundesärztekammer, wie sie in § 5 des ET-Vertrages vorgesehen ist. Da der Zeitfaktor den Gerichtsschutz gegen die Vermittlungsentscheidung praktisch ausschließt, ist ein wirksamer Rechtsschutz hier in besonderem Maße darauf angewiesen, schon auf der Stufe der Programmierungsentscheidungen anzusetzen.

Der Rechtsweg führt nach § 40 Abs. 1 VwGO zu den Verwaltungsgerichten. Daran ändert die privatrechtliche Organisationsform der Kammer nichts. § 16 TPG erteilt ihr einen hoheitlichen Normsetzungsauftrag mit zentraler Bedeutung für das gesamte Vermittlungssystem. Er stellt folglich eine Vorschrift des öffentlichen Rechts dar. Soweit die in Erfüllung dieses Auftrages ergehenden Richtlinien selbst Gegenstand eines eigenen Rechtsschutzverfahrens allein sein können, sind die Rechtsbeziehungen zu möglichen Klägern daher öffentlich-rechtlicher Natur. Zur Durchsetzung des Rechtsschutzziels dürfte die Feststellungsklage nach § 43 VwGO die geeignete Klageart sein. Der Begriff des Rechtsverhältnisses wird in der jüngeren Rechtsprechung zutreffend weit definiert. Die Feststellungsklage öffnet sich damit dem Rechtsschutz gegen normatives Unrecht dort, wo Normen bereits ohne Vollzugsakte zu nachhaltigen Beeinträchtigungen von Rechtspositionen führen[286].

c) Entscheidungen von Eurotransplant

Der Rechtsschutz gegen Entscheidungen von Eurotransplant muß primär in den Niederlanden nachgesucht werden. Wie und in welchem Umfang das erfolgen kann, ist hier nicht darzustellen. Auch insofern dürfte angesichts des Zeitfaktors überhaupt nur ein Vorgehen präventiver Art, vor allem gegen die von Eurotransplant zu entwickelnden „Anwendungsregeln" in Betracht kommen.

---

[286] BVerwG DVBl. 2000, 1858 f. (11. Senat); *Pietzcker*, in: Schoch/Schmidt-Aßmann/Pietzner, Verwaltungsgerichtsordnung (Fn. 188), § 43 Rn. 25; J.-C. Pielow, Neuere Entwicklungen beim „prinzipalen" Rechtsschutz gegen untergesetzliche Normen, DV 32 (1999), 445 (468 ff.); enger BVerwG DVBl. 2000, 636 f. (3. Senat).

Soweit Eurotransplant bei der Aufstellung ihrer eigenen Anwendungsregeln ein nicht unerheblicher Ausgestaltungsspielraum zukommt[287], stellt
sich die zusätzliche Frage, ob der deutsche Gesetzgeber seiner Justizgewährungspflicht nachgekommen ist[288]. Die Pflicht verwehrt es dem
deutschen Staat, nicht-deutschen Stellen die Möglichkeiten zu Rechts-
beeinträchtigungen zu eröffnen, die sich direkt in Deutschland nieder-
schlagen, ohne für einen ausreichenden Gerichtsschutz Sorge zu tragen.
Das hat das Bundesverfassungsgericht bereits in seiner ersten EUROCON-
TROL-Entscheidung von 1981 herausgearbeitet[289]. Das Maastricht-Urteil
hat die Prüfungsbefugnisse deutscher Stellen, inwieweit diese Anforderungen eingehalten worden sind, in der Zwischenzeit noch verschärft[290]. Die-
selbe Linie verfolgt der Europäische Menschenrechtsgerichtshof, gestützt
auf die Garantie des Art. 6 Abs. 1 EMRK[291]. So muß, wenn einer Internationalen Organisation Immunität gegenüber der nationalen Gerichts-
barkeit zukommen soll, ein hinreichender eigener Rechtsschutz der betreffenden Organisation sichergestellt sein[292]. Noch schärfer sind die von der
deutschen Verfassung ausstrahlenden Rechtsschutzgebote, wenn einer
zwischenstaatlichen Einrichtung nach Art. 24 GG Hoheitsrechte übertragen werden.

Eurotransplant ist (bewußt) nicht als eine solche Einrichtung gegründet worden[293]. Sie übt materiell jedoch vergleichbare Funktionen aus. Die
deutschen Bestimmungen, die Eurotransplant die entsprechenden Vertei-
lungskompetenzen einräumen, schließen zwar den Rechtsschutz vor niederländischen Gerichten nicht aus. Sie nehmen aber eine erhebliche Unsi-
cherheit über die Art des möglichen Rechtsschutzes und damit erhebliche
faktische Erschwerungen in Kauf. Damit wird deutlich, daß der deutsche
Gesetzgeber das Gebot der Rechtswegklarheit nicht hinreichend beachtet
hat, als er das komplizierte Verteilungssystem zum Gegenstand hoheitlicher Regelung machte und dabei die Einbeziehung einer Vermittlungs-

---

[287] Anders *Lilie*, Wartelistenbetreuung (Fn. 248), 643 (662): bloße Anwendung abstrakt-generell aufgestellter Verteilungsregeln.

[288] Zu dieser verfassungsrechtlichen Pflicht oben unter B II 1.

[289] BVerfGE 58, 1 (40 f.); 59, 63 (81 ff.); std. Rspr. vgl. BVerfG (K), Beschluß vom 4. 4. 2001, 2 BvR 2368/991.

[290] BVerfGE 89, 155 (174 f.); vgl. *Huber*, in: v. Mangoldt/Klein/Starck
(Fn. 18), Art. 19 Rn. 430 ff. und 524 ff.

[291] EGMR NJW 1999, 1173 ff. Tz. 67 f. („Waite und Kennedy ./. Deutschland").

[292] Vgl. BVerfGE 59, 63 (86 ff.).

[293] Insoweit weicht der vorliegende Fall von den Gegebenheiten der EURO-
CONTROL-Entscheidung ab; vgl. BVerfGE 58, 1 (42).

stelle mit Sitz im Ausland gestattete (§ 12 Abs. 2 TPG). Viel spricht dafür, daß die „verkappte" Übertragung von Hoheitsrechten auch aus diesem Grunde verfassungswidrig ist. Um so mehr verlangen die auftretenden Komplikationen eines Rechtsschutzes in internationalen Angelegenheiten, die transplantationsrelevanten (Vor-)Entscheidungen der *deutschen* Instanzen, insbesondere der Bundesärztekammer, als Anknüpfungspunkte für Gerichtskontrollen in Deutschland zu nehmen. Je genauer schon die Richtlinien der Kammer die eigentlichen Verteilungskriterien festlegen, und je intensiver der Rechtsschutz hiergegen entfaltet wird, desto eher entlastet das Eurotransplant von weiteren Auseinandersetzungen.

3. Die Intensität der gerichtlichen Kontrolle

In der Sache werden gerichtliche Kontrollen von Entscheidungen im Transplantationswesen vor allem Verfahrenskontrollen sein. Zu überwachen ist zu allererst, ob die Entscheidungsorgane in Übereinstimmung mit den Anforderungen des Organisationsrechts richtig besetzt waren, und inwieweit die prozeduralen Garantien eingehalten worden sind. Schon die Möglichkeit einer solchen Verfahrenskontrolle kann auf Dauer die Akzeptanz der Entscheidungen in erheblichem Umfang sichern.

In der weiteren Entwicklung wird die gerichtliche Kontrolle allerdings auch materielle Fragen einbeziehen müssen. Legt man auch nur einen Teil der Anforderungen zugrunde, die das Bundesverfassungsgericht z.B. im Blick auf Prüfungsentscheidungen an die Intensität einer gerichtlichen Kontrolle stellt[294] und die als Ausdruck eines Gerichtsschutzes in „grundrechtssensiblen Bereichen" gelten, so ist eine solche *Materialisierung* der Kontrolle von Vermittlungsentscheidungen im Transplantationswesen unvermeidlich. Der Einwand liegt freilich nahe, dadurch werde die ärztliche Entscheidung in unvertretbarer Weise „juridifiziert". Dem ist entgegenzuhalten, daß vor allem die bei der Aufstellung von Richtlinien zu treffenden Entscheidungen keine rein medizinischen Feststellungen sind. Soweit sie dabei die gesetzlichen Tatbestandsmerkmale der „Erfolgsaussicht" und der „Dringlichkeit" (vgl. § 12 Abs. 3 TPG) konkretisieren, sind sie einer Rechtskontrolle nicht gänzlich unzugänglich. Im übrigen bietet die Rechtsfigur der *Beurteilungsermächtigung* Möglichkeiten, eine sinnwidrige Ersetzung ärztlicher Entscheidungen durch richterliche Entscheidungen zu vermeiden, ohne den gerichtlichen Kontrollanspruch gänzlich auf-

---

[294] BVerfGE 84, 34 (49 f.) und 59 (77 f.).

zugeben. Verfassungsrechtlich sind Beurteilungsermächtigungen auch in grundrechtssensiblen Bereichen nicht ausgeschlossen[295]. Insbesondere bei der Schaffung normativer Regelungen, wie Richtlinien und Anwendungsregeln sie darstellen, sind solche kontrollreduzierten Räume schon bisher in größerem Umfange anerkannt, als sich das in der prozeßrechtlichen Standardliteratur widerspiegelt. Es ist Aufgabe einer vernünftigen Rechtsschutzlehre für das Transplantationswesen, die Bedeutsamkeit und die innere Rechtfertigung solcher Beurteilungsermächtigungen herauszuarbeiten.

---

[295] Vgl. *Schmidt-Aßmann*, Verwaltungsgerichtsordnung (Fn. 188), Einleitung Rn. 186 ff.; *M. Gerhardt*, dort § 114 Rn. 55 ff.; *Schulze-Fielitz* (Fn. 8), Art. 19 IV Rn. 88 ff.; *Krebs*, in: v. Münch/Kunig (Fn. 6), Art. 19 Rn. 65.

Beratungsgremien – „Ethikkommissionen" und „Ethikräte"

Das Recht des öffentlichen Gesundheitswesens ist von den Grundrechten her zu entfalten: Grundrechte geben diesem Rechtsgebiet seine individualrechtliche Ausrichtung. Grundrechte weisen seine Entscheidungen als Verteilungsentscheidungen in mehrpoligen Rechtsverhältnissen aus. Die allgemeinen Lehren des rechtsstaatlich-demokratischen Verwaltungsrechts sind hinreichend strikt, um kollektiver Vereinnahmung und unübersichtlicher Entscheidungsfindung Widerstand entgegenzusetzen. Sie sind aber auch hinreichend flexibel, um den Sachgesetzlichkeiten des Gesundheitswesens, insbesondere seinem hohen Bedarf nach medizinischer Professionalität und Sachverständigenberatung, Rechnung zu tragen. Die für die Bundesausschüsse nach § 91 SGB V und für die Bundesärztekammer im Rahmen des § 16 TPG als *Entscheidungsgremien* aufgedeckten Mängel brechen nicht den Stab über die im öffentlichen Gesundheitswesen vielfältig anzutreffenden Beratungsgremien. Das ist vor allem mit Blick auf „Ethikkommissionen" und „Ethikräte" festzustellen. Dabei mag offen bleiben, ob die Bezeichnung dieser Gremien, ob die Verbindung mit dem Worte „Ethik", ihre Aufgaben zutreffend umschreibt.

Die Ethikkommissionen, die heute ihre Rechtsgrundlagen überwiegend im Landesrecht, im Recht der Heilberufe und im Universitätsrecht gefunden haben, bewegen sich zwischen den Gremien der Selbstorganisation und der qualifizierten Sachverständigenberatung. Ersteren stehen sie von ihrer historischen Entwicklung her nah[296]. Letzteren können sie dort zugeordnet werden, wo ihre Befassung in staatlichen Entscheidungsprozessen durch Rechtssatz vorgeschrieben ist, z.B. in § 40 AMG. Ethikkommissionen entscheiden zwar nicht die großen Fragen ethischer Implikationen von Wissenschaft. Aber sie verhelfen dazu, „die in der individuellen Gewissensentscheidung des forschenden Arztes angelegten ethischen Dimensionen diskursiv zu thematisieren"[297]. Das geschieht bei den Kommissionen derzeitigen Typs von Fall zu Fall und dezentral, ist also vor allem auf die anwendungsorientierte Forschung abgestimmt. Die für Entscheidungsgremien zwingenden Legitimationsvoraussetzungen sind auf sie nicht zu übertragen. Den Anforderungen an privilegierte Beratungsgremien genügen sie.

---

[296] *Michael Schröder*, Kommissionskontrolle in Reproduktionsmedizin und Gentechnologie, 1992, 61 ff.

[297] *G.-P. Calliess*, Prozedurales Recht, 1999, 251 (253).

Für die Behandlung grundlegender Fragen der Prioritätensetzung im
Gesundheitswesen oder der Wissenschaftsentwicklung und ihrer gesellschaftlichen Akzeptanz sind dagegen Gremien eines anderen Zuschnitts
notwendig. Hier muß es darum gehen, den Diskurs mit der Öffentlichkeit zu organisieren und zu strukturieren. Das setzt Vertrauen in die Kompetenz und die Neutralität der Mitglieder voraus. Ob eine regierungs-
amtliche Berufung der Mitglieder dieses Vertrauen hinreichend sichert, ist
ungewiß. Die Zweifel ergeben sich weniger aus dem Verfassungsrecht als
aus der Verfassungspolitik[298]. Rechtlich steht es Parlament und Regierung
grundsätzlich frei, auf welche Weise sie sich beraten lassen, soweit mit der
Beratung keine Entscheidungskompetenzen verbunden werden. Die strenge Lehre von der personellen Legitimation und der sie vermittelnden
„Kette der Berufungsakte" erfaßt den Tatbestand nicht. Eher muß es sogar
umgekehrt um eine Entkopplung von den staatlichen Funktionsträgern
gehen, um Unabhängigkeit zu sichern. Das Recht kann hier dazu beitragen, die für Entkopplungen wichtigen Vorschlags- und Benennungsrechte
sowie die organisatorische Stellung eines Gremiums festzulegen. Nur mit
einem Mindestmaß rechtlicher Ordnung, die dauerhaft festgelegt werden
sollte, wird eine solche Institutionalisierung öffentlicher Diskurse Erfolg
erwarten können.

---

[298] Im Ergebnis ähnlich *Meinhard Schröder*, Die Institutionalisierung des Nationalen Ethikrates: Ein bedenklicher Regierungsakt?, NJW 2001, 2144 ff.